MSOL　MI SERIES

シン・トップダウン経営のすすめ

世界の新潮流「EPMO」で変革を日常化する

和田 智之
チェンジマネジメントコンサルタント

東洋経済新報社

はじめに

COVID-19で露呈した不確実な時代における日本の弱み

長年、企業経営のコンサルタントをしてきたが、日本において、いまほど「マネジメント」がさまざまな変革の迷走の原因になっている時代はないと感じる。それが最も象徴的に表れたのが、COVID－19に対する国や自治体の対応だった。

感染の拡大が認められてから、「アベノマスク」、「各種給付金」、「COCOA（接触確認アプリ）」、「緊急事態宣言」、「まん延防止等重点措置」、「Go To トラベル」、「Go To Eat」、「新型コロナウイルス感染症対応医療従事者支援制度」、「ワクチン確保・接種」など、さまざまな施策が投入されてきた（２０２１年５月時点）。「アベノマスク」だけは、どうしても理解不能であるが、その他の施策の〝ねらい〟については頷ける部分もある。しかしながら、これらの施策の〝具体化と実行段階〟に関しては、控えめに言ってもお粗末なものが多い。

これらの多くに共通しているのは、①意思決定が遅れ、初動が遅い、②時間的制約を考慮に入れても具体化の企画が甘すぎる、③周辺環境や世論によって場当たり的な対応が多い、④解決に向けた全体像や施策間のバランスを考慮せず単発の施策となっている、⑤政府や自治体、官公庁などの内部論理が優先されていることである。つまりは施策の「マネジメント」が決定的に欠落しているのである。

だが、「マネジメント」の欠落は政府や自治体、官公庁だけのものではない。①～⑤を見ると、デジタル化が叫ばれて以来、多くの日本企業が陥っている状況と非常に類似点が多いことに気づくはずだ。ＣＯＶＩＤ－19によって問題点が明確かつ鮮明に露呈したのが政府や自治体、官公庁だっただけで、問題そのものは日本のさまざまな組織に内在しているのである。

では、そもそも「マネジメント」とは何なのか。Ｐ・Ｆ・ドラッカーは、以下のように極めて簡潔に定義している。


「マネジメントとは組織に成果をあげさせる、道具、機能、機関」

（Ｐ・Ｆ・ドラッカー、『明日を支配するもの』、上田惇生訳、ダイヤモンド社より要約）


つまり、「マネジメント」とは「管理」ではなく、やりたいことで適切に結果を出すための組織的活動である。特に、不確実性が高い現代においては、もはや、「やりたいことだけ伝えて、あとは任せた！」というスタイルは通用しない。

本書のテーマは「トップダウン」で整備すべき「変革マネジメント」の仕組み

本書は、その「マネジメント」――「リーダーシップ」よりも普遍的で、ある程度は雛形化することが可能な、ニューノーマルに向けて仕組みとして動かしていくべき「マネジメント」のあり方、特に「変革マネジメント」に焦点を定めている。
不確実性の高い現代は、ＶＵＣＡ（ブーカ。Volatility〈変動性〉、Uncertainty〈不確実性〉、Complexity〈複雑性〉、Ambiguity〈曖昧性〉の頭文字を並べたもの）の時代とも言われており、どんなに優れた経営者でも結果として誤った選択をしてしまう可能性が常につきまとう。こういう状態のもとでは、正しい答えを選ぶ努力に加えて、環境変化やプロジェクト状況に合わせて、柔軟、かつ、遅滞なく意思決定の変更を行い、リソース（ヒト、モノ、カネ）の再配分を行うことが、組織全体の成果を大きくするために最も重要なこととなる。しばしば見かける例で言うと、「成果をあげる見込みが乏しくなったプロジェクトを、それが分かったのち1年以上たってから縮小・中止を決定」しているようでは、同じ時間に無駄に費やされていた人材や投資を別のことに回して成果をあげている他社には勝てないということである。

そうした失策の主要な原因の1つとなっているのが、〝現場〟と〝経営層〟の関係性である。日本においては現場の力が非常に強く、方向性やキーワードこそ経営層から提示されるものの、具体化は「ボトムアップ」積み上げ型で行われ、その結果、〝現業〟肯定型の中期経営計画が多い。日本企業の強みが現場であることは、誰しもが認めるところであるが、不確実性が高く、変化が激しい環境下では、Organic Growth（本業・既存事業のノウハウの延長で成長する〝連続〟成長）を基軸に置いた企業運営はリスクが高い。変化に対応できる柔軟性を担保する意味でも、ゲームチェンジ、ルールブレイク、M&A、異業種協業などのInorganic Growth（既存事業にとらわれず、新しい領域に進出したり、それを創造したりする〝非連続〟成長）を基軸にすべきである。

また、Inorganic Growth の実行にあたっては、難易度が高く、各種リスクが高いプロジェクトを同時並行的に多数進める必要がある。そして、成果をあげるためには、人的リソース効率、特に変革リーダーとタレント（異能者）のそれが極めて重要となる。具体的には、成功率を高めるための組織的な努力を行いつつも、躊躇なくプロジェクトの新陳代謝を行わなければならないわけだが、このような行動を「ボトムアップ」型の意思決定で実現することはできない。現場の意思や力を大切にしつつも「トップダウン」による意思決定を徹底することが必要となる。

さらに、「トップダウン」で思い切った企業変革を行おうとしても現場や事業部が反発して協力せず、「社長はあんなことを言っているが、うちの事業部にはうちのやり方がある」などと面従腹背となることも珍しくない。こういったことが起こらないようにするためにも、「マネジメント」が仕組みとして確立されている必要がある。

そんな「トップダウン」の意思決定と仕組みとしての「マネジメント」の理想的な関係性・あり方を、本書では「シン・トップダウン経営」とした。

〝シン・トップダウン〟の「シン」にはさまざまな意味が込められている。

新（ビフォアーCOVID－19とは異なる新しい経営）

真（机上の空論ではなく、勝ち残るための実践的な経営）

芯（これからの変革の核となる経営）

心（経営層から末端の社員までのココロを動かす経営）
信（経営層と変革リーダー達の信頼関係に基づいて行動する経営）

本書が、こうした「シン」を経営に取り込むきっかけとなり、日本企業がより良い未来を掴み取るための一助となれば、筆者にとって何よりの喜びである。

なお、本書の図は特に明記がない限り著者が作成したものである。

シン・トップダウン経営のすすめ　目次

第1章

日本企業の〝変革能力偏差値〟はなぜ低いのか

第1節　日本企業の変革能力の低さの実態～デジタル後進国化

欧米企業は短期志向で、日本企業は長期志向というとんでもない勘違い

実は、現在の日本企業は長期的な視点で変革を行うことが不得意であり、むしろ短期志向が強い。これはデジタルトランスフォーメーションにおいても顕著に現れている。

日本企業の経営層やメディアの中には、欧米企業は短期的な成果を重視する短期志向で、日本のほうが長期的に変革を行っているという固定観念を持っている人が少なくないが、その認識は正しく実態を把握していない。

まず、社長・ＣＥＯに関する、これまでの誤解を解くデータを紹介したい。

①　米国Ｓ＆Ｐ５００企業で「社外から採用されたＣＥＯは21％」(Spencer Stuart 2019)

同社によると、内部昇進率は79％にものぼっている。さらに、内部昇進のうち後継者として育成された人物が84％を占めており、外部から直接ＣＥＯを招へいしたり、一度ＣＯＯなどで入社させ数年以内にＣＥＯに昇進させるようなことはレアケースであることが分かる。

②　内部昇進のＣＥＯの在任期間は、「米国平均の13・４年に対し、日本の平均は５・１年と半分以下である」（ニッセイ基礎研究所　２０１９）※米国はＨＢＲ誌の「２０１８年度版　世界のＣＥＯベスト１００」より米国企業を抽出したもの、日本はＴＯＰＩＸ１００から創業経営者5名を除

いたもの

③　内部昇進のＣＥＯ就任年齢は、「米国平均の46・8歳に対し、日本の平均は57・5歳である」（ニッセイ基礎研究所２０１９）※母集団は②と同じ

　このデータをもとに単純計算すると、米国は平均46・8歳でＣＥＯに就任し、前述の在任期間を適用すると60・2歳で引退する。新しいことに対して柔軟でチャレンジ精神の旺盛な時期にＣＥＯに就任し、長い時間をかけて後継者を育成し、バトンタッチして引退している。それに対して日本は、60歳近くになってＣＥＯに就任し、わずか5年で引退する。そのため、後継者育成計画（サクセッション・プランニング）が実行されている企業はわずかである。

　もしかすると、外資系企業の日本法人の社長や幹部社員が転職を繰り返して渡り歩いていることを見聞きすることが多いことから、誤ったイメージを抱いているのかもしれない。しかし、長年外資系企業に勤務していた筆者の実体験に照らし合わせてみても、それは非常に危険な誤解だ。欧米企業の戦略的なビジョンに基づく長期戦略の実行力の強さを知らずにグローバル競争を戦っている恐れがある。

　筆者はコンサルタントという職業柄、自分が在籍する企業に関しても社内変革の情報を集めて、業務のかたわらで客観的な視点から分析を行っていた。10年近く勤務した外資系２社（Accenture, Gartner）は正確にどの時点が大変革のスタートか分からないが、いずれも、少なくとも7年以上のスパンで戦略の大転換と現場への展開・浸透を行っていた。

Accentureは、上場前のAndersen Consulting時代に、上場を見越して従来の不安定要素の大きいコンサルティング＋システム開発のビッグディールのビジネスモデルから、顧客との単発の付き合いではなく長期的なジャーニーをともにするパートナー企業への転換を図った。コンサルティング～システム開発～アウトソーシングへのシームレスな連携を行うためのフレームワーク（BI Method）を、筆者の知る限りでも上場の3年以上前からグローバル展開し、評価項目の変更や、組織再編などを段階的に行って、２００１年の上場から２０１９年までに売上高をおよそ4倍にした。

Gartnerは、もともとＩＴベンダーにユーザー企業がいいようにあしらわれる状態から脱却するべく創業されたＩＴアドバイザリー企業だが、２００４年にユージーン・ホールがＣＥＯに就任して以来、ＩＴにおけるトレンドセッターとしての強みに加えて、常に先手を打ってデータやノウハウを持つ類似企業を買収して自社のサービスコンテンツとして事業ドメインの充実を図り、十数年にわたって売上・利益の2桁成長を継続している。また、ＤＸ（デジタルトランスフォーメーション）に関しても２０１０年以前から、いち早く情報システム部門中心の顧客ポートフォリオからＣＤＯ（Chief Digital Officer：最高デジタル責任者）、ＣＥＯなどデジタルを使う部門への顧客シフトや、インフォメーションテクノロジー（ＩＴ）から業務・マネジメントなどへのカバレッジ拡大を進めるなど、あとからふり返ると非常に理にかなった戦略を淡々と実行し続けている。

最後に、デジタル時代における日本のイノベーション投資に対する短期志向の強さを示すデー

図1-1　**ブレイクスルーイノベーションに対して長期投資回収を許容するか？**

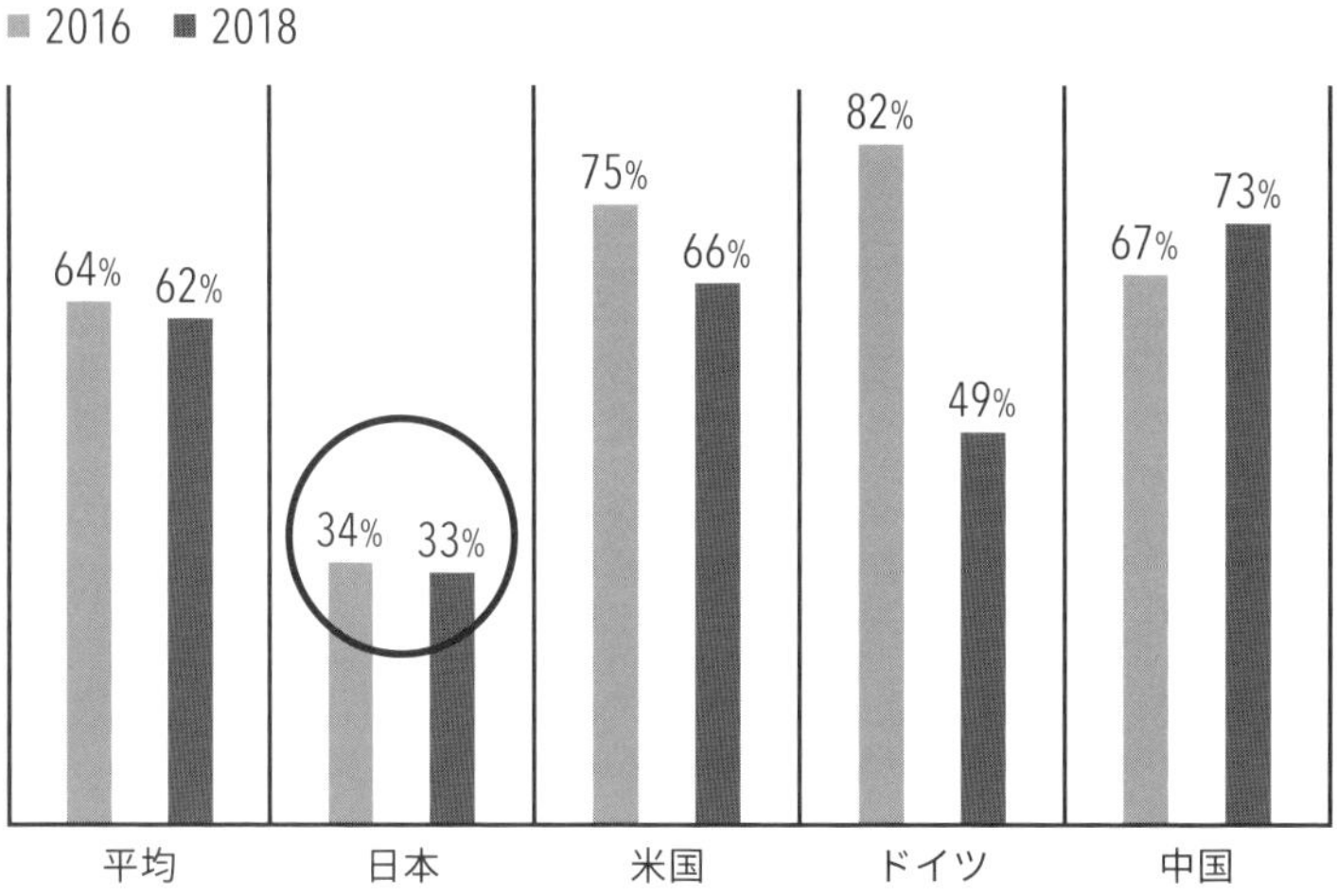

タを紹介したい。発展途上国も含めた20カ国２０９０名のBusiness Innovation Executiveを対象とした調査である。

④「ブレイクスルーイノベーションに対して長期投資回収を許容するか？　という問いに対して、日本の許容率は米中の半分以下」(General Electronic 2019)

図１－１を一瞥するだけで分かるように、日本の長期投資に対する許容度は著しく低い。筆者は２０１９年に短期間、日本のＡＩベンチャーに関わっていたが、クライアント企業の〝モノになるかも分からないテーマにもかかわらず、ビジネス成果への要求が強いこと〟、〝概念実証（ＰｏＣ：Ｐｒｏｏｆ ｏｆ Concept）段階で完璧さを求める点〟などに驚かされた。多くのユーザー企業に長期的な

ＡＩ活用の戦略がなく、次々と新しいものに手を出しては「結果が出ない」と言って、全く別の方式に手を出すことを繰り返していた。彼らも本業の製造技術では、ゴールに向けて一歩一歩経験やノウハウを積み上げる努力を重ねてきたはずであるが、ことＤＸやＩＴとなると経験の蓄積を行わず、積み木を積んでは崩すかのごとき状態であった。

なお、２０１６年から２０１８年にかけて全般的に長期投資許容度が低下傾向なのは、２０１7年5月の「IoT World Forum」でCisco社が、ＩｏＴ（Internet of Things：すべてがインターネットに繋がる世界。ＤＸを構成する基盤の１つ）に関するプロジェクトの「6割がＰｏＣ段階で停止」「完了したプロジェクトにおいても3分の1は成功とはみなされなかった」と発表して、過熱気味であった市場の実態を明らかにしたように、初期のＤＸのブームを企業が冷静に見つめ始めたことが原因であろうと、筆者は推察している。

また、後述するが、３〜５カ年を１つの単位とする中期経営計画という仕組みも短期志向に拍車をかけていると思われる。規模の大きいものであればスマートシティ、中程度のものであればスマートファクトリーなど、実態を知っている者からすると3年で結果を出すのはほぼ不可能であり、5年でも非常に厳しい。筆者は２０１８年から２０１９年初頭にかけて、50以上の製造業関連の展示会に参加し企業担当者に取材を行い、延べ１０００社以上の分析レポートを作成した。そこでは、スマートファクトリーに関して短期間で採算がとれるとうたっていたソリューションの多くは、工場全体ではなく部分的なソリューションか、そもそもスマート化の議論が始まる以前から取得していた、あるいは、取得可能であった、工場内で活用されていなかったデータを活用することで大半の効果をあげるものだった。

少なくとも、製造業のIndustry4.0、日本が提唱するデジタル社会のSociety5.0のうち、短期サイクルで進化するコンシューマー向けビジネス以外については、中期経営計画のスパンで世界各国に匹敵するような結果を残せるとは考え難い。とはいえ、コンシューマー向けもデータソースがGoogleやFacebookなどに握られている状態では、日本企業に旨みは残らないかもしれない。

これらのデータを見る限り、「長期間にわたる変化を克服していくことが日本の強みで、単年度の業績重視の欧米企業は短期的な取り組みしかできていない」とは言えない。むしろ日本は、1人当たりGDPが低迷し始めた1990年代以降、成果主義や費用対効果の徹底など、短期～中期の結果を強く要求する傾向が異常加速して、世界トップレベルの〝短期志向国〟となっていると言える。

第2節　変革能力が低い原因は、日本の産業・企業の育ちにある

未来を創るためには過去を理解する

日本企業は短期志向となっており、中長期的視野で変革を進めている海外の優良企業に、特にデジタル分野において水をあけられている。それに対して、日本が短期志向から中長期志向にシフトしていくためには、日本企業が短期志向に陥った歴史を紐解いて、その経緯を把握する必要がある。なぜなら、日本の短期志向は歴史的に根深く、一朝一夕に変えることが困難なものであ

ると同時に、対症療法的に扱うことは企業の文化や社員の士気などに重大な傷を残す危険性が高いからである。

このパートでは、日本企業の未来を考える上で、過去から引き継がれている〝慣性力〟を解き明かしたい。ここで行いたいことは決して過去の批判ではない。いままでと大きく異なるやり方に舵を切るにあたって、これまで日本企業に蓄積された〝慣性力〟を理解して、それを上手くいなしてやるためのものである。

筆者は、企業は船に似ていると考えている。大きな船にはすさまじい水の力がかかっており、急に舵を切ると効率的に曲がることができず、最悪の場合には転覆や舵の破損が起きる。では、どのようにして曲がるかというと、直進している力に大きな抵抗を与えないように、最初はわずかに舵を切って船首を進行方向から曲げる。船首が曲がり始めると船体全体が斜めからの水の力を受けるので舵も利きやすくなり、そこで大きく舵を切って早く曲がるようにするのである。いわば〝経営層〟が〝舵〟にあたり、〝社員〟が〝船体〟にあたる。社長がいきなり我が社はこう変わるべきと言っても、船と同じように無理をして組織全体のパワー（速度）が落ちるか、混乱して転覆するか、社長の言うことを聞かずに舵が利かなくなってしまう。上手く曲がるためには、これまでの〝慣性力〟がついている船体（社員）を曲がりたい方向にあの手この手で少し動かして、船体が新しい方向に向き始めたら、一気呵成に「面舵一杯」で変革を加速させるのである。

日本は海外と比べて現場の力が強く、いわば大きな〝船体〟のため、組織の持つ〝慣性力〟を無視して〝トップダウン〟の変革を進めようとしても上手くいかない。時々経済誌で特集されるように、現在の社長や会長が抜本的な変革を行おうとして、役員や部長クラスの反発を受けて変革が頓挫したり、抜擢された新社長が抜本的な改革を大々的に発表するも、他の役員から反発を受けて〝竜頭蛇尾〟に終わったりすることは珍しい話ではない。

以降で、現在の日本企業が持っている〝慣性力〟とはどのようなものか紐解いていきたい。

頑張れば成果が得られる時代～人口と残業頼みの成長

いまの日本企業の企業風土を形づくった〝慣性力〟の元をたどると、巨大な人口を抱える準先進国である日本が、高度経済成長を成し遂げるために官民一体になって、先進国水準に短期間（10年間）で到達するための幅広い施策を行ったことに端を発している。

その、日本が主体的に経済力を高めるためにとった国策が、高度経済成長期（一般的に１９５５年から１９７０年頃までを指す）の中核となった、池田内閣が１９６０年に打ち出した「国民所得倍増計画」で、簡単にまとめるとＧＮＰを10年以内に倍増させて、国民の生活水準を西欧先進国並みに到達させるというものである。

１９６０年当時の日本の１人当たりＧＤＰは６３５４ドルであり、ドイツは日本の１・９倍、イギリスは２・２倍、アメリカは２・８倍であった（University of Groningen 2020、２０１１年のＵＳＤ為替ベース）。

それに対して、日本の人口は９４３０万人、当時先進国の人口第３位イギリスの５２３７万人、第２位のドイツの７２４８万人と比べて潜在的な内需は大きく、当初池田内閣が荒唐無稽と批判されたほどひどい状態ではなかったが、先進国となるためにはさまざまな準備が不可欠であった。
そのために、以下にあげるようないくつかの大きな施策が行われた。

・鉄道・道路・港湾・用水などの公共インフラの整備を進めたこと
・家電なども含む重化学工業への産業構造の変革と労働人口をそちらにシフトさせたこと
・重化学工業製品を外販するために自由貿易を推進させたこと
・人的能力の向上のため文教政策を促進したこと

これらの施策は、産業構造を転換し、国内の物流インフラを確立することで末端までモノが行き渡るようにして潜在的な内需を掘り起こし、海外への積極的な輸出を進めることにより外需を創出し、国民の購買力を高めることとなった。その結果、図１－２でも分かるように７年間で１人当たりＧＤＰを倍増、13年でイギリス、ドイツの95％水準程度に達した。

一方で、海外からエコノミックアニマルと揶揄されたように、日本企業の労働時間の長さは群を抜いていた。先進国入りしてしばらくたった１９７５～１９８０年のＯＥＣＤのデータを見ると、日本の年間労働時間はおよそ２１００時間、アメリカは１８００時間、ドイツ（西ドイツ）は１７５０時間、イギリスは１７００時間と、およそ20％余分に働いていた。

アメリカを除くどの先進国よりも多い世界第4位の人口を抱え、豊富な内需拡大余地に対して、西側諸国の一員として経済力拡大を期待される環境下で、必要なインフラ整備を行い、長時間労

図1-2　**1人当たりGDPの推移**　（2011 USD換算）

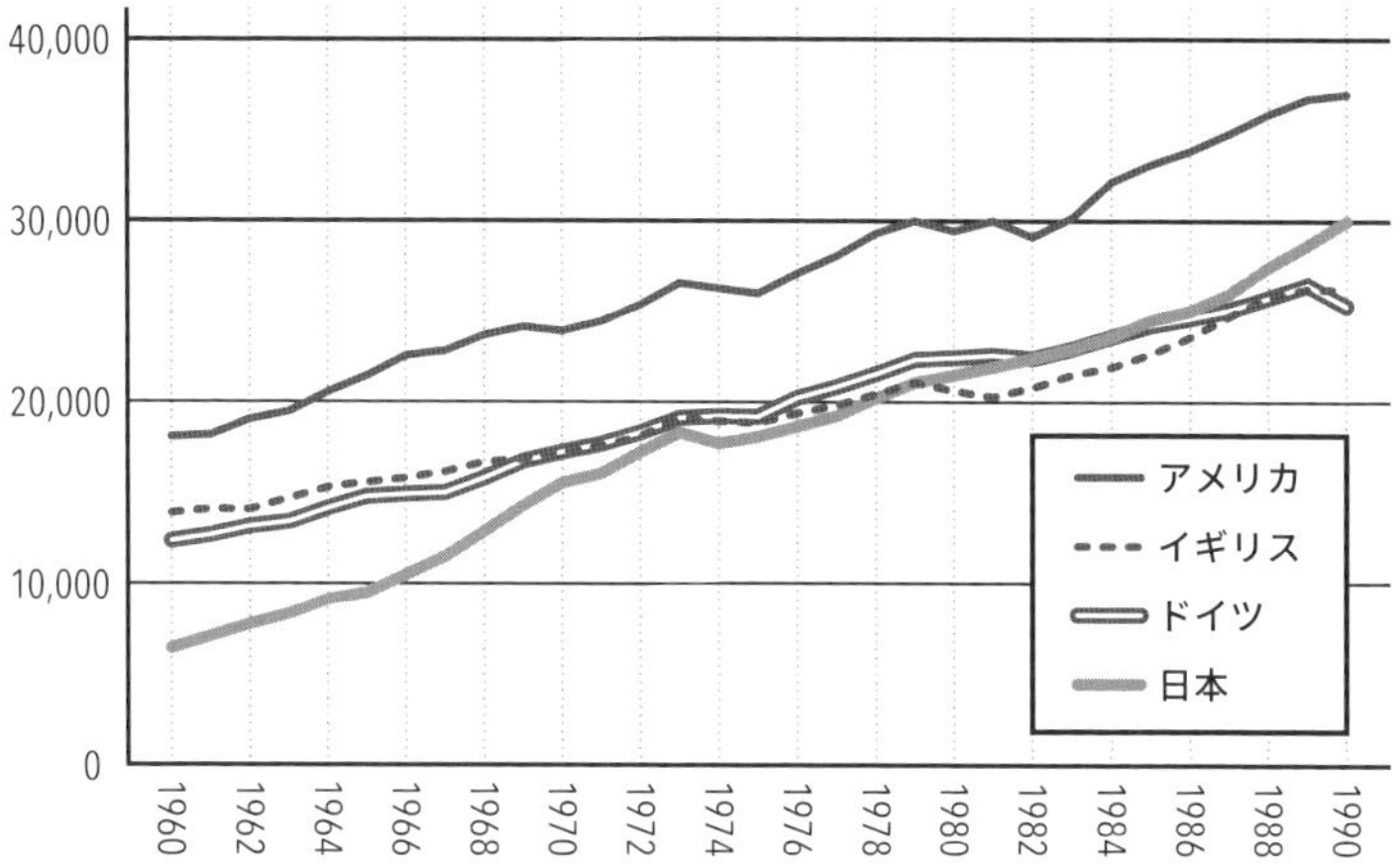

University of Groningenが世界169か国のGDPや人口推移のデータを集積している
Maddison Project Database（MPD）2020より作成

働で所得倍増に邁進した結果、先進国水準を達成したことは、当然の結果であった。乱暴な言い方をすると、政府と経済界の敷いたレールの上を全力で走ればよく、全体の波に乗っていれば、〝個々の企業の変革能力〟は成長における重要な要件ではなかった。

一方で、雇用体系としては、一丸となって経済成長に邁進することに関して、日本企業の特色であるメンバーシップ型雇用（職種ごとに雇用体系が異なるのではなく、全社同一の雇用体系）があと押しすることになった。

そのため、国民が一丸となって進むのが得意な国民性とあいまって、個別の労働争議はあったものの、日本では欧米のような〝ホワイトカラー〟、〝ブルーカラー〟という差別的な区分が定着せず、〝労働者は考えて行動するものではなく、労働力を提供するものである〟という階級分断の考え方が取り払われることになった（日本では、戦前から戦後しばらくは労使の階級分断があった）。

これは、プロジェクトワークにおいても、東京タワーや黒部ダム、新幹線など、世界に誇ることができる数多の「プロジェクトX」を生み出すことになった。困難だが、やり抜けばゴールに到達できるという、ゴール不変の環境下において、日本の集団主義は大きくプラスの方向に働いた。

その結果、日本特有の〝現場の力が、時に経営層の意思を凌駕する現場主義〟が形成された。なお、〝現場主義〟自体は別に日本特有のものではなく、ドイツのマイスター制度や、製造業を重視していた頃のアメリカでも現場のエンジニアを尊重していたが、日本のように経営に関与することはほとんどなかった。

具体的には、日本では、1960年代に世界製造業のスタンダードとなるトヨタ生産方式が確立された。また、現場が考えるカイゼン活動として1950年代から始まっていたQCサークル活動が、1975年頃には製造現場だけではなく営業や企画などまで含めたTQC（全社的品質管理）に拡張された。また、TQCは製造業のみならず、ほぼ全産業共通の経営手法として広まっていった。

この日本型の〝現場主義〟は、経営層が企画立案して変革プロジェクトを行わなくても、長年にわたって継続的に生産性の向上をもたらし、不連続な技術革新や、事業ドメインの転換などが発生しない限り、高いモチベーションとモラルを持った日本企業の強さの土壌となった。しかし一方で、ものを言うし自ら変革も行う現場に対する経営層の統率力（リーダーシップ）や統制力

（コントロール）を低下させることにもなった。

バブル崩壊から失われた20年～変革適応力の低下とガラパゴス化

バブル時代は、個人においてはマネーゲームに踊り、企業においては錬金術的にビジネスが増えて、大量の余剰資金で多くの多角化の失敗例を生み出すことになった。また、組織構造面では、「バブル入社組」と言われるように、ストイックに仕事に邁進していた世代とは全く異なる、社会人初期に十分な教育が施されず、厳しい環境を経験していない人材が大量に企業に生まれることになった。筆者はバブル崩壊後の「就職氷河期」と言われた１９９４年に社会人になったが、研修後の初プロジェクトの時に昼食でワインを飲んでいる先輩達を見て心底驚いたことを覚えている。

バブル崩壊後に企業は狂騒に乱れた経営の立て直しの一環として人件費の削減を図った。その結果、新卒採用が抑制され「就職氷河期」「超氷河期」と呼ばれる企業内の人口ピラミッドの大きなへこみが発生して、経済が回復傾向になった時に「大量のバブル入社組の下に、ほとんど若手がいない」という状態が発生し、組織知の断絶や希薄化が発生した。この頃に、企業内でしっかりと教育されるわけでもなく、フリーランスなどでプロフェッショナル能力を身につけるわけでもない若手が大量に生成された。

また、人件費の抑制のために、業務を〝コア領域〟と〝ノンコア領域〟に分けて、子会社化・分社化するケースが増加した。そのため、本社との関係が希薄になり、かつ、能力向上のモチベーションもそのための予算も十分でない状態となっていたことが多く、現在もその状況が続いている子会社は多い。また、ＩＴや人事・総務オペレーションなどを他社に業務委託する、あるいは、自社部門を他社に買い取ってもらって業務委託するアウトソーシングが進み、当該業務に関するノウハウを完全に喪失してしまうケースが多くあった。

一方で、欧米企業ではもともと、職能別雇用制度であったため、コスト削減のための子会社化は一般的ではなかった。例えば、日本だと銀行員は総合職の社員であれば職能給などによって同一クラス同一賃金だが、欧米ではバンキング業務を行うBankerと、支店の窓口業務を行うBank Clerkは別の仕事として識別され、給与体系も異なっていた。

余談だが、〝ジョブ型〟雇用制度という言葉は、独立行政法人労働政策研究・研修機構の濱口桂一郎氏が名付けたものであり、海外では使われない。日本は人事制度面でガラパゴス化している良い例である。

筆者は、当時の〝コア領域〟、〝ノンコア領域〟の判断が、短期的で財務的な〝プロフィットセンター（営業部門や有償サービス提供部門など企業に利益をもたらす部門）〟、〝コストセンター（人事・経理などの間接部門や、情報システム部門、流通センターなどの費用だけ計上される部門）〟の分類とほぼ同義に扱われていたことが大きな禍根を残したと考えている。日本企業において将来重要になる〝コストセンター〟、特にＩＴ領域の組織能力を大きく損なったことが、ＤＸにおいて、大企業が社内で企画をリードできず、コンサルタントやＩＴベンダー任せにして失敗を繰り返すようになった原因の1つであろう。

欧米ではＩＴ領域をコストセンターとして認識しつつも、21世紀の重要機能であると考えているため、ＩＴの重要な部分は社内で保有するのが一般的で、日本と異なり大企業のほとんどが情報システム子会社を持たず、ＩＴの内製化率が高い。『ＩＴ人材白書２０１７』（独立行政法人情報処理推進機構ＩＴ人材育成本部）によると、日本のＩＴ人材は、ユーザー企業には28％しかおらず、72％がＩＴベンダーに所属しているのに対し、米国ではＩＴ人材の65％、ドイツは61％、英国は54％がユーザー企業に所属していた。そのため日本では近年になって、デジタル時代に対応するために、あまりに弱体化した社内情報システム部門を強化する動きが活発になっている。

しかしながら、大企業ともなると大量の人材を確保したい一方で、ＩＴ人材にとってはユーザー企業の情報システム部門は社内的立場が弱いことが多く、また、ＩＴベンダーと比べてスキル獲得や長期的なキャリア形成に対する不安もあり、順調にＩＴ人材の獲得はできていない。２０２１年3月には、三菱ＵＦＪ銀行が新卒のデジタル人材に年収で１０００万円（超える場合もある）出すという発表をするくらい、ユーザー企業の人材確保は難しい状態になっている。

２０００年代初頭に、ある〝兆円企業〟におけるグローバル会計システムの更改に取り組んだ経験があるが、当時、旧システムのプログラムを理解して自らプログラムの変更もできるのは部長・次長クラスのみで、バブル以降のメンバーはシステムの中身をほとんど理解できていなかった。一方で、これらの中堅クラスのメンバーは、子供の頃からインターネットなどデジタルの世界に触れていた「デジタルネイティブ」でもなく、リーダーや主力メンバーとして活躍するのは困難であった。結果的には、筆者のチームがコンサルティングと推進支援に入り、最初に役員層を巻き込んで、部長達が陣頭指揮を行うことで、情報システム部が覚悟していた金額より相当安く、ほぼスケジュール通りに世界展開することができた。ＩＴプロジェクトに関する実行能力の弱体化を痛感させられた事例であった。

さらに、同じく２０００年代初頭に〝コスト削減の流れ〟の中で、多くの企業において〝成果主義〟の名のもとに、欧米から目標管理制度（ＭＢＯ：Management By Objective）が導入されたことも、日本の組織と人材の変革志向の抑制要因となった。細かい運用は各社によって異なるものの、あえて単純化すると、日本におけるＭＢＯは、年度初めに個人目標設定を行い、年度末に目標の達成度を測定し、目標達成度に応じて評価と給与・昇進の査定を行うものであり、目標未達に対して厳しいノルマ達成型、減点主義型の評価制度に近い運用がなされている場合が多い。

ＭＢＯ自体は１９５４年にドラッカーが提唱した概念だが、原文は〝Management by Objectives and Self-Control〟であり、野田一夫教授の日本語訳「目標と自己統制による管理」がそれに近い。日本ではなぜか〝自己統制〟が省略されて用いられている。本来は、〝個人の成長〟と〝企業の目標〟を、ルールで強制するのではなく個人が納得することにより一致させ、社員が自ら企業の戦略を実現するような行動をとる状態を作ることが目的であったが、日本では〝人件費削減〟と〝成果主義〟が渾然一体となることで、減点主義の色合いが強く出た結果、社員の行動原理がリスクテイクしてチャレンジをするのとは逆方向に向かうようになった。

海外の例としては、筆者の所属していたGartnerはＭＢＯを導入していたが、人事評価の査定とは完全に分離されており、ＭＢＯは企業と社員のコミュニケーションツールや社員のキャリア形成のツールの扱いであった。また、ＭＢＯの派生型として、よく引き合いに出されるGoogle のＯＫＲ（Objectives and Key Results：目標と主要成果）で設定する目標は、達成目標ではなく進みたい方向性の先にある結果で、目標達成率は6割程度が理想とされている。もし、10割達成が続くようであればアグレッシブな成長を目指していないと認識される。また、ＯＫＲは評価ツールとして位置付けられていない。

一方で、海外でも大きな失敗事例があった。ＭＢＯの仕組みを詳細化・厳密化して、制度に基づく人材の評価と管理の徹底を行っていたＧＥ（General Electric）は、２０００年代に入って急速に業績を悪化させ、２０１８年にはＮＹダウの対象から外された。ＧＥ自身も、業績悪化の重要要因の1つが社員のモチベーションの低下であると分析し、その原因が厳密なＭＢＯによる評価にあるとして、２０１６年にＭＢＯを廃止し、No Rating（Ｓ・Ａ・Ｂ・Ｃなどの評価段階の廃止）、No Curve（A評価は全体の20％などの評価段階の分布率の廃止）などを行った。

厳密なＭＢＯ評価の弊害として、達成率が低くなるようなチャレンジを行わなくなる、目標設定が多岐にわたる場合にそれらすべてを満たすために〝ビジネス的な価値はない目標〟を達成することに時間を割く、などが発生して企業の変革力や成長力の足かせとなっていた。筆者自身も、ある外資系企業の日本支社に関わった折、人事部が〝指定の研修を受ける〟、〝他事業部との連携を指定回数行う〟などの多岐にわたるＭＢＯの指標を設定し、かつ、変動給と昇進の査定に完全に一致させた制度を導入した直後から、ＭＢＯで高得点をとるための〝点取り虫〟行動が蔓延し、わずか数年で急速に企業の活力が低下した様子を目の当たりにしたことがある。

ここでは、日本企業での具体的な失敗例は書かないが、〝成果主義＋ＭＢＯ〟によって、形式的な評価の公正さや透明性が向上した一方で、社員の変革意欲の低下を感じている経営者は少なくないはずだ。

このような中で２０１８年６月に「働き方改革関連法」が成立した。同一労働同一賃金など、これまで放置されていた問題解決を行った一方で、日本企業が労務管理ルールの増加と管理負荷の増大により、変革をリードするクリエイティビティ（創造性）やチャレンジ精神を持った人材をモチベートして育成・確保する方策を考える余裕がなくなったことを改めようとする狙いがある。

このように、日本は年輪を重ねることで、企業運営に関してガラパゴス化していったのである。

改めて整理すると、その主な要因であり、また現在の〝慣性力〟を生み出しているものとなっているのは、次の５つである。

- 自律的だが時に強すぎる現場
- 経営層の強いリーダーシップの必要性の低さ（バブル以前の）
- メンバーシップ型雇用
- 日本独自のノンコア領域の分社化・アウトソース化
- 人件費抑制のために使われたＭＢＯ

経団連の中西宏明前会長（当時、日立製作所取締役会長）は3つ目の〝メンバーシップ型雇用〟に関しては、国全体の問題として大々的に取り上げた。また4つ目の〝日本独自のノンコア領域の分社化・アウトソース化〟についても日立グループにおいて10年以上の時間をかけて将来的に残すべき事業を集約している。

第3節　デジタル時代に現場主義偏重のプロジェクトは適さない

デジタル時代の変革は現場に重大な影響を与える可能性が高い

さて、ほとんどの企業における最優先課題の1つであるデジタルトランスフォーメーション（DX）において、ガラパゴス化した日本企業にはどのような問題が発生するのであろうか。端的に言うと、部門横断的に現場業務が大きく変わる変革については、現場主導では上手くいかない可能性が高い。

日本企業は、特定現場（業務）の改革であれば、これまでのやり方を否定して自己変革することができる企業も多いが、部門をまたがって抜本的な業務改革を行うことは不得意である。特に、部門をまたがってリーダーシップを発揮し、部門間の〝調整〟を行うのではなく、どこかの部門が割を食うことになったとしても〝強制力〟をもって〝最適化〟を行う力が弱い。そのため、日本企業では、2000年頃から活発になったBPR（Business Process Re-engineering：業務改革）やバリューチェーン改革、標準プロセスによるシンプルなERP（Enterprise Resource

Planning：企業資源計画）システム導入のプロジェクトの多くは、関連するどこかの部門の抵抗や非協力的な行動によって頓挫、あるいは、竜頭蛇尾となっている。言い換えると、〝調整〟で解決が困難な課題に対する、組織的な変革能力が低いと言える。

これらを踏まえてＤＸについて考えると、顧客接点の業務（マーケティング・セールスなど）、Ｒ＆Ｄ業務、生産業務、バックオフィス業務など、業務領域を問わず既存業務プロセスを大きく変え、これまで花形であった業務がＡＩやロボットに置き換わったり、重要な業務でなくなったりすることにより、部門間や業務間の重要性や力関係が変わり、既存の組織権力が揺らぐ可能性が高い。

例えばアパレル店舗で、ＡＩが顧客のリアルタイムの３Ｄデータをもとに、トップスとボトムスのコーディネートを試着室に行くことなくＶＲ（仮想現実）やＡＲ（拡張現実）で見せ、顧客に合ったコーディネートの提案を行うようになれば、ショップ店員の価値は低下し、また、カリスマ店員でなくても従来のベテラン以上の結果を出せるようになるかもしれない。

また、製造業の新商品設計において、エンジニアが行う部品の設計ツール（ＣＡＤ：Computer Aided Design）、部品の強度計算などの解析ツール（ＣＡＥ：Computer Aided Engineering）と、デザイナーの要求はそれぞれリアルタイム連携できるものではなく、デザイン変更を行った場合、ＣＡＤで部品を設計変更し、ＣＡＥで強度の再計算をして、だめだったらデザイン部門に戻すという工程を長時間かけて行っていた。それが、近年の技術革新でＣＡＤとＣＡＥがリアルタイムに同期できるようになってきた。これからは、デザイナーと部品の設計・

強度計算を行うエンジニアが同席（リモートも可）し、その場で思いついたデザインを部品に反映して強度計算も同時に行い、そのまま3Dプリンターで量産可能な試作品を作成することも可能になる。そうなれば技術部門と製造部門、デザイン部門の力関係が変わることになるだろう。

　なお、2つの例はともに少なくとも技術的には実用段階に達しており、実ビジネスでも試行錯誤しているところである。

現場の現状を損なう変革は現場からボトムアップで出てこない

「既存組織に影響が発生することの何が問題なのか？」と問われれば、経営層や筆者のような第三者にとっては何の問題もなく、メリットのほうがはるかに大きいと答える。一方で、当該組織の当事者は、変化に対して必ずしも前向きであるとは限らない。自分達の既存の発言力が損なわれたり、これまで優秀だった人材の価値が低下したり、要員の削減が行われることなどについて、既存組織の責任者もメンバーも、意識・無意識の両方で考えないようにしがちである。特に、組織を横断するテーマについては、その傾向が強い。

　また、個別組織では最新のテクノロジーやソリューションについて、スキルやリテラシーが不足している上に、調査を行う余裕もなく、変革というよりも改善レベルのテーマしか出てこないことが一般的である。トップダウンで検討課題の設定などを行わないと、抜本的な改革を検討することはあまり期待できない。

　これについて、あまり強く現場をとがめるべきではない。なぜなら、現場に多くの課題を与えて多忙にし、さらに短期間で結果を求めているのは経営層であるからだ。本来は各組織の長には、全社最適の観点から動いてもらいたいが、変革期においては部下の統制やモチベーション維持の観点から、組織長にすべてを任せるのではなく経営判断として組織長を動かす必要がある。強すぎる現場主義が定着している日本においては、経営層が悪役を引き受けるのが望ましい。

デジタル時代の抜本的な変革の多くはトップダウンで行われている

では、実際にはどのようなトップダウンのアプローチがあるのか。よく用いられるのは、社長直轄チーム、ＣＤＯ、経営企画などが自分達で、あるいは、コンサルタントなどを雇って戦略的な変革テーマを策定し、現場部門に具体化・プロジェクト化を要求するやり方である。ただ、詳しくは後述するが、〝経営層と現場の乖離〟が発生し、戦略的な変革テーマがその企業にとって過剰な要求レベルであったり、実行に必要な要員リソースが確保できないまま強行したりすることなどにより、絵に描いた餅となるケースも多い。

筆者は、いくつもの大企業において経営層から、「〝企画〟と〝計画・実行〟の分離は、会社として意図して行っていることである」と聞かされた。この場合、企画が実行性について無責任となり、格好の良い壮大な企画を立てがちになって、現場が結果のみならず実行責任に関しても無責任になることで、プロジェクト投資が無駄になる危険性が高い。筆者が「では〝企画〟と〝計画・実行〟のギャップは誰が埋めるのか？」という問いを発すると、無回答か、（実際にやっているかはともかく）「それが経営層の役目」という回答であった。このアプローチに関しては、必要十分で過剰な取り組みにならないように制御（コントロール）し、かつ、現場での具体化検討状況の確認を行う必要がある。

また、この節の冒頭で述べたように、トップダウンアプローチだとしても、部門横断のリーダーシップや現場に言うことをきかせるパワーが必要になる。CDOを設置してDXのプロジェクトを集約して対応している企業でも、非協力的な現場部門に苦労しているケースが多い。経営層が、〝現場部門のオーナーは、現場の責任者であると同時に、経営層の一員として全社最適にも責任を持つ〟という意識の醸成を行う必要がある。

同じくトップダウンアプローチではあるが、少し奇をてらった方法がある。日本ではソフトバンクグループの孫正義会長兼社長が事業会社経営に注力していた時によく使ったやり方で、売上目標であれば2倍・5倍・10倍、コスト削減目標であれば2分の1・10分の1・ゼロといった、現状のやり方の延長線では実現不可能な要求を行うというものである。売上10％アップ、コスト10％削減であれば、何とかやり繰りして対応ができなくもないが、売上2倍となると、対象顧客や販売チャネル、サービスラインナップを増やすなどの大掛かりで抜本的な打ち手が必要になる。コスト2分の1となると、これまで行っていた業務を廃止したり、オペレーションセンターを廃止するなどの打ち手が必要になる。

この場合、経営層の強い意図のもと、それを実現するための手段に関する権限が与えられ、現場との乖離の心配はなくなる。が、現場の考えた抜本的な打ち手によって、売上拡大の場合はコスト増、コスト削減の場合は売上減などの反作用がほぼ確実に発生することになるため、濫用すると反作用の蓄積により別の新たな問題を発生させることになるので注意が必要である。

第2章

見直すべきは戦略ではなく、作戦である

第1節　日本企業の戦略のレベルは低くはないが実行に難あり

日本企業の〝慣性力〟について正しく理解する

多くの日本の企業がいま陥っている状況と、そこに働いている〝慣性力〟の起源について見てきた。この先は、経営者がある程度の強制力を持って舵を切り、船体を動かしていくことになる。そのためには、いま、船体に起こっている事柄について正確に把握しなくては適切な操舵を行うことができない。

この章では、第1章で指摘したさまざまな〝慣性力〟が、現在のビジネスにおいて、どこに、どのような影響を与えているのかを分析し、そこにひそむ構造的な課題について解析し、最も効果的な舵の切り方について考えていく。

表面的には海外企業と比べてもそん色がない日本企業の企業戦略

筆者は25年にわたるコンサルタント業務の中で、国内外１０００社以上の中期経営計画や事業戦略を見てきたが、２０１０年代以降、日本企業の中期経営計画は、戦略的なビジョンやシナリオからブレイクダウンされた論理的で構造化されたものが一般的になってきており、「表面的」にはきれいにまとめられた戦略となってきた。海外企業の企業戦略と比べてもそん色がないか、むしろ、壮大な戦略となっている。また、長年コンサルティングを行っている筆者の目から見ても、実行されれば、十分な成果を得ることができる可能性が高いと思える内容になっている。

では、なぜ「表面的」という言い方をしたかというと、多くの日本企業の中期経営計画は取り組み内容についての実行性・実現性が担保されていないからである。実際に筆者が所属するＭＳＯＬが２０１９年11月に行ったアンケートでは回答１５３名のうち74％が「プロジェクト開始時に要員の質と量の少なくともいずれかは確認していない」（現場に相当する部長以下だと77％）と回答しており、要員不足以外の問題も合わせると8～9割の中期経営計画は「絵に描いた餅」になる可能性が高い。

最も多く遭遇するケースは、経営層や経営企画が描いた基本戦略に対して、現場部門（事業部など）がプロジェクトとして実行可能か否かを精査せずに、求められたことを実現するための取り組みの〝実行可能性を考慮せずに辻褄を合わせただけの机上プラン〟を提出して、誰も実行性・実現性の検証を行わないまま、中期経営計画としてまとめ上げたものである。そのため、3月決算の企業だと、中期経営計画は初月の4月から当初の計画通りに進んでいないことが多く、6月頃の株主総会で発表される時点ですでに当初計画と齟齬が発生していることが珍しくない。一方で、ＩＲで発表している以上は毎年進捗を報告する必要があり、ＩＲ資料作成のために、取り組みが順調に進んでいるように辻褄を合わせるための無駄な作業が発生することが多い。

「やろうとしていること」が悪いのではなく、「やり方」が悪い

逆に言うと戦略方針を適切に実行可能なプロジェクトに落とし込むという作業を行うと、広げ

た風呂敷を実行可能なレベルに畳んで、戦略的に重要な取り組みに集中し、やり遂げることができる戦略に昇華することができる。多くの日本企業では、〝絵に描いた餅〟状態の戦略を、現場に対して〝満額回答〟するようなプランを出させるというやり方をとっているが、これが、日本企業の変革や戦略的な取り組みの成功率を下げている最初の原因である。「やろうとしていること」を、どう実現させるのか、また、現実的に実行が困難な場合は選択と集中をしていくという「やり方」を確立することが最初のステップである。

実際に、筆者が変革マネジメントの仕組み作りや実行支援のプロジェクトを行う前段で、8割近い企業で戦略が壮大すぎるか、実行性を考えずに変革プロジェクトを立ち上げているため、プロジェクトの取捨選択から着手せざるを得ない状態になっている。つまり、「やろうとしていること」が悪いのではなく、「やり方」が悪いのである。戦略に問題があるのではなく、作戦に問題があるわけだ。

第2節　過度な現場主義がもたらした構造的問題

柔軟性に乏しい一括意思決定の稟議

前述のように、短期間で十分な実行性・実現性の検証が行われないまま、中期経営計画で主要な取り組み（プロジェクト）が定義されて社内外に公表されることが多いため、それらのプロジェクトを実行しないという判断を行うことは少ない。それゆえに、実行性・実現性の検証が行われていない状態で立案された個別のプロジェクトの企画とそれに対する稟議は、〝稟議に通る〟ことが前提で、〝通すための作文や数値作り〟が行われていることが多い。さまざまな企業でよく聞くのは〝投資回収率（ＲＯＩ：Return On Investment）３００～５００％〟、〝投資回収期間３～５年〟が稟議に通るための条件となっており、稟議申請する時点でそれらを満たしていることが必要となっている。

　また、そのような稟議の仕組みに対応するために、プロジェクト起案側（現場）は３～５年でＲＯＩを確実に達成するという企画書を作文せざるを得ない。筆者は企画書を見ることが多いが、ほとんどの企画書はプロジェクトワークのプロの目から見ると全く信憑性がないものである。なぜなら、不確実性が高い状況下で必要な計画上のアクションがほとんど組み込まれていないからである。本来であれば、不確実要素が大きいほど、初期段階での大きな意思決定や断定的な意思決定を避け、段階的な意思決定によって、上手くいかなかった場合も含めて即時対応できるシナリオプランニングを行う必要がある。

　段階的な意思決定とは、最初にプロジェクト終了までの予算を承認（ただし実行承認は段階的な企業が多い）する一括意思決定に対して、基本構想段階→企画段階→概要設計段階→試行導入段階→詳細設計段階→本格導入段階（この段階は一例で、事業や業務によって異なる）などの段階ごとに実行・中止・変更の判断を行うものである。ただし、各段階において、将来的な予算の見通しは作成される。一括意思決定と段階的意思決定との最大の違いは、前者が「最初に設定された」プロジェクト終了や投資回収までの計画が常に中心にあり、変更が非常に困難であることに対して、後者は計画が「各段階で再策定・再計算」されるため、状況変化に対して柔軟に対応でき、撤退や縮小といったネガティブな意思決定を容易にできることにある。

シナリオプランニングは、各段階が終わった時点でどういう結果がもたらされるかを予測し、予測した結果に対する対応策のパターンをあらかじめシナリオとして定義しておくものである。ここしばらく流行しているＡＩを使ったＰｏＣ（小規模なトライアルと考えてもらってよい）を例にとると、以下の４つがシナリオとして考えられる。

① 完全に期待通りの結果で、実用段階の検討に進める
② 部分的に期待を満たしているが本格的に投資を行うには不十分な結果で、ＰｏＣを延長することで期待値に近づく
③ 部分的に期待を満たしているが本格的に投資を行うには不十分な結果で、現状のやり方や技術での改善は期待できず、別のＡＩやアプローチで新たなＰｏＣを行うかプロジェクトを中断する
④ 全く期待を満たしておらず、プロジェクトを中断する

筆者は一時期ＡＩベンチャーにいたが、一度のＰｏＣで完全に期待通りの結果を得られることは少なく、部分的な成功（②③）、完全な失敗（④）を当初から想定しておらず、追加予算を獲得するために時間を浪費したり、作業品質に関して発注企業側と受注企業側で揉めたりするなど

のケースを多数目撃した。当初からシナリオを考えていれば必要のなかった時間の無駄やトラブルが発生することになるが、シナリオを前提とした意思決定を行う仕組みがないため、リスクを承知でプロジェクトを立ち上げ、発注を行っているのが実態である。

前述のCisco社の調査では、ＰｏＣの結果が予定通りいかなかったことで、検討が停止されるのではなく、より積極的な検証を行うようになったという結果がある。このあたりに日本と海外の〝段階的意思決定〟の考え方の違いが表れている。海外企業では、初期の少額投資で様子を見て、大雑把に言うと、

Ａ．現在の延長線上に成功がありそうだから積極投資を行う
Ｂ．時間の余裕がある場合は、いまのやり方で、もう少し様子見を続ける
Ｃ．Ｂに近いが別のやり方で様子見をする
Ｄ．箸にも棒にもかからないとして白紙にする

といったことを、ＰｏＣなどの変動要素の大きい初期投資を行う前に、想定される結果の選択肢として用意していることが多い。そのため、ＰｏＣの結果を見てあわてて、上司への言い訳を繕ったりすることがまずない。日本で〝予想外の結果〟は上手くいかなかったことを示すことが多いが、海外においては大失敗する可能性も想定内なので、〝予想外の結果〟は予想もしていなかった良い結果を示すことが多くなる。

一度決めたことを変更しにくい組織風土

日本企業では、トップダウンで始まったテーマにせよ、ボトムアップで始まったテーマにせよ、通常は現場やプロジェクトチームが企画を具体化して実行する。一方で、稟議のための作文により、特に事業性については正確性が低く、要員リソースの手当も十分かどうか分からないという、先がよく見えない、つまり、〝プロジェクトリスクの高い状態〟でプロジェクトがスタートする。

日本企業では〝経営承認を得て予算を獲得してプロジェクトがスタートすると、あとは現場の責任〟という考え方が強く、開始後のプロジェクトに対して経営層が積極的に、サポーティブに関与してくることはめったにない。

一方、現場は現場責任意識が強いため、当初計画を変更することは、経営層に対して「責任を持って引き受けたが、できないから変更させてほしい」という〝恥ずべき報告〟を行うことになると考えがちである。この考え方は、特にプロジェクトリーダーに強く出る傾向があり、現場のトップに対してどうしようもなくなるまでネガティブな報告をあげない、あるいは、現場のトップに報告をあげるが経営層に対してネガティブな報告にならないように現場が一丸となって上手くいっているように取り繕うことが多い。

当初計画自体の精度が低いことから、状況の変化に対して変更を行うことについて〝やむを得ないことであるか？〟、〝それが妥当な対処か否か？〟、〝変更内容が適切か否か？〟を判断するための物差しがないために、〝予想より効果が低い〟、〝予算を超過する〟、〝スケジュールが遅延する〟などのネガティブな状況を報告した時点で現場責任となってしまう。そのため、現場としては何とか辻褄合わせを行うような行動をとり、シャンシャンで終わらせるか、戦略の変更により誰の責任でもなくプロジェクトが中断させられて終わることを待つようになる。

責任をとれない経営層のリーダーシップとエンゲージメントの弱さ

経営層からは、しばしば、現場からネガティブな情報があがってこないという悩みを聞くが、前述したように変化や変更に対する判断の物差しがない状態で、現場が積極的に情報をあげてくる動機はない。

一方で、ある大手製造業の取締役から「自分がよく分かっていないプロジェクトに関して、責任をとりたくないのが役員達の本音だと思う」と述懐されたことがある。戦略的なプロジェクトには担当役員がついていることが多いが、その役員ですら、プロジェクトの詳細を理解していることは稀である。笑い話のような話だが、コンサルティングをやっていると、役員から自身の担当プロジェクトの状況を聞かれることも珍しくない。

一昔前であれば「俺が責任をとるから自由にやれ！」と言って、現場に自由にやらせて成果を出すスタイルも有効であった。しかしながら、デジタル時代のプロジェクトは作業工程が複雑化し、組織横断の取り組みになり、未検証のテクノロジーやソリューションを使うというようにプロジェクト自体の難易度があがっている。さらに、内部統制の強化や労務管理の強化などにより社内で〝適当に上手くやりくり〟して無理を通すのも難しくなっている。

変化の激しい環境においては、現場のプロジェクトリーダーでは解決できないことが多い。そうしたプロジェクトに関しては、経営層が内容を理解して、あるいは、判断を支援する組織を設置して、機動的な支援や変更を行うことが求められる。この経営層に対して〝プロジェクトを理解して判断を支援する組織〟がＥＰＭＯ（Enterprise Project Management Office）であり、海外では早くから設置されている企業が多かった。最近は日本でも設置する企業が急速に増えてきている。

第3節　変革で起きている悲劇①

必要戦力の適切な投入を軽視することから起こる悲劇

兼務、兼務、兼務

　こうした行き過ぎた現場主義と、社員リソースの管理の欠如は、特に変革への取り組みにおいて、悲劇的とも言える事態を数多く引き起こしている。その1つが兼務による「過剰労働の無理強い」と「中途半端な仕事になることによる無駄死に」である。

　優秀な人材に仕事が集まるのはどの企業でも共通である。だが、優秀な人材でも、度を超えた兼務を行うと、本来のパフォーマンスを発揮できない。さまざまな企業で話を聞くと、変革プロジェクトが増加するにつれて、担当部長・課長クラスのみならずメンバーレベルですら複数プロジェクト兼務が大きな問題となっている。

　例えば、ＤＸに巨額の投資を行っているある大企業では、ＤＸ担当部門は社員1人当たり3～

5件のＤＸ関連プロジェクトが動いている。プロジェクトの作業実行主体が外部パートナー企業とはいえ、変動要素が大きいＤＸ案件を1件当たり週8時間でリーダーシップを発揮してマネージすることは現実的ではない。コンサルティングファームでもマネージャーが持つプロジェクトは3つまでに抑えるのが一般的である。

　別の企業では、戦略的な案件が次々発生していく一方で、プロジェクト体制図にはいつも同じような面々が並んでおり、古いプロジェクトが廃止されることもなく、経営層がコアなリーダー層の稼働状況を掴めていない状況にある。そのため、社内のプロジェクト進捗を横断的に管理しているにもかかわらず、プロジェクトの成果があまりあがらない状態が続いている。

　さらに別の企業では、多数のプロジェクトから構成される全社構造改革プロジェクトの必要工数の可視化を行ってみたところ、部門長クラスと特定の専門家を中心に、プロジェクト業務と現業業務の合計が１５０％を超えており、多い人は２００％を超えていた。これまでの筆者の経験から言えば、現実的なアサインの限界値は数カ月のピークに限った場合で１２０％程度である。プロジェクトワークをしている場合は１００％稼働でも20％程度の残業を行っているので、１２０％稼働に20％の残業を計算すると１４４％＝月間２３０時間となり、およそ70時間残業を行っていることになる。

　問題なのは、この3つの事例すべてにおいて部門長、または、経営層が過剰な兼務が発生していることを認識し、そのことがプロジェクトの成功率低下を招いていることが分かっていながら、過剰な兼務の解消が行われていないことである。経営層や部門長から「重要だからやれ」と言われたことは、現場としては〝無理を承知〟で引き受けざるを得ない、現場がこれでできると言ってきたことは懸念を持ちつつも、経営層や部門長としては〝現場を尊重〟して承認せざるを得ないと、当たり前のように考えてしまっている。

孤立無援とプロジェクトの孤独死

プロジェクトリーダーの孤立も深刻な課題の1つである。

本章第1節で述べたように、プロジェクト前に必要な要員リソースの質と量を特定していない企業は74%もある。その多くは、主に社員数の制約、または、予算の制約から、社員の要員リソースが過少な状態でプロジェクトをスタートさせている。筆者の知る限り、情報システム部門以外のプロジェクトでは、ほぼすべての企業でプロジェクトに関わる社員の要員リソースの管理は質・量ともになされていなかった。情報システム部門ではおおむね2~3割の企業が量の管理は行っているが、質の管理（適切な能力の要員をプロジェクトにアサインする。必要に応じて、他プロジェクトと調整を行って工数を確保するなど）を志向している企業はあっても、それを仕組みとして実現できている企業はなかった。ただし、案件単位で個別対応的にキーパーソンをやり繰りするケースはあった。

なお、情報システム部門が量の管理を行っている確率が高いのは、情報システム部の仕事の多くがプロジェクト型であり、多数持ち込まれるシステム開発・改修などの案件を、限られた人員でこなすために必要だからである。すなわち、企業変革は基本的にはプロジェクト型で進められると言われている中で、プロジェクトワークに慣れた情報システム部門ですら、要員リソースの質的な管理までは十分にできていないわけだ。そのことは、日本企業全体としてプロジェクト中心の企業変革に対する組織的な準備ができていないことを意味する。

にもかかわらず、プロジェクトリーダーは、自分自身がよく分からないことについて、信頼できる相談相手もおらず、コンサルティング会社やＩＴベンダーの言いなりになってしまい、プロジェクトの進捗すら自ら正確に把握することができない状態に置かれていることも多い。偶然、良いパートナーに恵まれて、プロジェクトチームが一丸となって対応可能な場合には、トラブル発生時に問題解決できることがあるが、常にリスクに対して適切に対処できているとは言えない。それどころか、プロジェクトでやろうとしていることに対して圧倒的に要員リソースが不足しているため、とりたててトラブルが発生しなくても成功できないことも多い。

実際に、現場のプロジェクトリーダーから「相談相手がいない」という話をよく聞く。〝経営者は孤独〟であると言われるが〝プロジェクトリーダーも孤独〟なのである。それどころか経営者は自分で意思決定できることが多いのに対して、プロジェクトリーダーは目標と期限を決められて、その中で何とかやり繰りしなければならない弱い立場にある。プロジェクトリーダーの孤立は、プロジェクトに関しても、プロジェクトリーダー個人に関しても、取り返しがつかない事態を引き起こす可能性が高い。

しかしながら、プロジェクトリーダーが経営層から能動的に支援を受けることを目にすることはまずない。経験豊富で良い意味での図々しさを持つプロジェクトリーダーは、経営層の支援を得るために、彼らを上手く巻き込むためのアクションをとることができる。だが、それができないプロジェクトリーダーのプロジェクト運営は、いかんともしがたい状況に甘んじて死を待つようなものとなる。さらに不幸なことに、企画や改善などの成果物作成や設備構築などを伴わないプロジェクトの場合、経営層はプロジェクトリーダーがそうした状態に陥っていることを知らず、進捗も管理せずに放置し、まともな成果があがらないまま、いつの間にかプロジェクトの意義が薄れ、自然消滅することも少なくない。消滅すればまだましで、プロジェクトを〝やったこと〟にするために意味のない形だけの結果報告資料を作成することすらある。

戦力の〝分散投入、各個撃破〟と〝遊兵〟

経営視点で言えば、戦略的に重要な案件に対して、人材投入の観点において〝局所優位〟、つまりすべてにおいて十分なリソースを投入できなくても必要なタイミングで必要な質と量を投入して、成功に結びつけることができていないことも深刻な課題の１つだ。

プロジェクトは目的・目標が明確で、期間限定の取り組みであり、戦争における「〇〇の戦い」のような大規模な会戦や作戦に近いものがある。戦争において作戦に勝利する基本は、相手よりも多くの戦力を用意して適切に運用することにある。歴史上、奇襲以外で戦力（兵隊の人数だけでなく、装備や練度も含めた総合的な能力）の少ないほうが攻めて勝利したケースは、カルタゴのハンニバルがローマの大軍を破ったカンネーの戦いなど限られている。では、手持ちの戦力が少なければ勝機が全くないのかというとそうでもない。人口５００万人のプロイセンのフリードリッヒ大王は10倍以上の人口を持つオーストリア、フランス、ロシアなど列強を相手に7年戦争を戦い抜いた。そのカギは、限られた兵力を集中運用して必要な時に必要な場所に投入し、〝局所優位〟を得たことにある。

プロジェクトにたとえるならば、要員リソースの投入先をむやみに広げずに、突破力のあるリーダーやメンバーをさまざまなプロジェクトに集中投入して、重要な局面においては必要十分な要員リソースを確保することであろう。筆者はビジネスの世界で類似の事例を目の当たりにしたことがある。それはソフトバンクグループの孫会長兼社長が２００４年の日本テレコム買収から２００６年のボーダフォン買収までのわずか2年ほどの間に、複数の大規模なプロジェクトに対してとった方策だ。孫会長兼社長はその時、プロジェクトマネジメント・営業・業務・ＩＴなどのエース要員のピークを絶妙にずらして投入した。ピーク時には単一プロジェクトに専念させ、そうでない時には兼務させるなど、さまざまな高い能力を持った人材を、無駄な時間を作ることなく限界まで働かせたのである（その時のリーダーの多くは本書執筆時点で役員となっている）。

忌避すべき状況は、戦力を小出しに投入、あるいは、広く薄くばらまいた結果起こる〝分散投入、各個撃破〟であるが、多くの日本企業のプロジェクトはこの状態に陥っている。あれも必要、これも必要と言って、大量のプロジェクトを立ち上げ、兼務、兼務でプロジェクトリーダー（およびコアメンバー）の許容量を超えた取り組みをさせる。その結果、どのプロジェクトでも〝局所優位〟を確保できずに時間と予算を浪費し、リーダーの気力を消耗させ、労力に合った成果をあげることができないことが多い。さらに、プロジェクト要員リソースが枯渇していることを経営層が分かった上で、「戦略的に必要なことは、やらねばならない」と言って、成功が見込めるだけの要員リソースが確保できないプロジェクトを新規で立ち上げていることすらある。

もう１つの忌避すべき状況は、〝遊兵〟（配備されているものの、戦闘に寄与できない兵力。意図的に予備兵力としている〝遊軍〟とは異なる）を作ることだが、日本企業の変革においては〝遊兵〟が多いと感じる。例えば、専門性の高い人材がトラブルプロジェクトに何年も〝塩漬け〟状態になっている、中核メンバーとして活躍すべき人材がローテーションで戦略的に重要でないところにいるなどがそうだ。プロジェクトにとって有用な要員が、組織の壁により現場に張り付きになっている、あるいは、成功の見込みが乏しいプロジェクトに拘束されていることも多い。先ほどのソフトバンクが急成長期に、プロジェクトに有用な人材を徹底的に使ったこととは逆の状態である。これらの要員を必要とされるプロジェクトに振り向けることができれば、ＤＸやニューノーマル対応の〝成功の見込みが十分にあるプロジェクト〟をより多く実行できるようになるはずである。

〝分散投入、各個撃破〟や〝遊兵〟を作り出している根源的な原因はいくつかあるが、大きなものの１つは本章第２節で述べた変更を想定していない意思決定プロセスにある。古いプロジェクトを潰して新しいプロジェクトを立ち上げることがやりにくいのだ。もう１つは、詳しくは後述するが、プロジェクトの価値や緊急度などから優先度を策定したり、戦略的な投資や競争力維持の投資などのグループに分けて投資配分したりする〝ポートフォリオ〟の概念が浸透していないことである。

第４節　変革で起きている悲劇②

リーダーの限定的な権限から起こる悲劇

他部門の間接的抵抗

部門横断のプロジェクトを行う場合、主管部門のリーダーの下に、多数の他部門のチームが紐付くプロジェクト組織となることが一般的である。

大きなプロジェクトの場合、例えば、筆者が関わったある新規事業立ち上げプロジェクトでは、10を超える部門から50％以上の参画率で、２００名以上の社員が参画するものがあった。パートナー企業も含めると５００名以上が参画した。２０２５年問題に向けた基幹系システム更改などＩＴシステム開発を目的とするプロジェクトの場合、直接部門・間接部門ほぼすべてが参画し、パートナー企業を含むと１０００名を超え、期間も5年を超えることがある。中小規模プロジェクトの場合だと、期間半年から1年程度で、主管部門＋いくつかの関連部門＋情報システム部門で、５～10名程度で進められることが多い。

そして、プロジェクトリーダーは、プロジェクト内の他部門や、プロジェクト推進中に関わりが発生する他部門において間接的抵抗に直面することも多い。〝間接的抵抗〟という言い方をしたのは、他部門がプロジェクトに対して悪意を持って間接的に抵抗するのではなく、強い責任感を持って参画しないため詰めの甘い検討になる、現業の忙しさのためスケジュールが遅れたりやっつけ仕事になったりしていることなどを表している。他部門のチームリーダーやメンバーはプロジェクトを成功させるという意欲が低い場合が多いのが実態である。

それに対してプロジェクトリーダーは、強いリーダーシップを発揮することが難しい状態に置かれている。前述したように、現場責任への圧力が強く、プロジェクト開始後に経営層に対してモノ申すことができない。また、他部門に対して強制力を持って動かすだけの権限が与えられていない。特にプロジェクトリーダークラスにとっては他部門の部門長クラスに対して無理を聞いてもらうどころか、無理をねじ込まれることのほうが多い。

プロジェクトリーダーは与えられた〝権威〟ではなく、周りを動かす〝リーダーシップ〟でプロジェクトを率いていくべきというのが正論だが、実際にはプロジェクトの兼務の問題や部門の思惑の違いなどは個人の〝リーダーシップ〟だけではどうにもならない。〝リーダーシップ〟が正しく機能する前提として、関連部門と当該プロジェクトの重要性に関して共通認識が醸成されていることが必須であるが、他部門のメンバーの多くはプロジェクトに対して、一部の時間を割いて協力している場合が大半であり、優先度も低いことが多い。

それに対して、他部門のメンバーの稼働や動機を斟酌して〝できる範囲〟でプロジェクトを進めようとする心理的ベクトルが働く。その結果として、検討内容がチャレンジングなものではなく平凡なものになってしまったり、トラブルが発生していないにもかかわらず遅延してしまったりする。筆者のようなコンサルタントが、クライアントの社内メンバーだけで進めて上手くいかなかったテーマについて相談を受けるケースの多くはこれが原因である。

部門をまたぐプロジェクトにおいては、他部門のメンバーと目的意識を共有した上で、それでも各部門の都合で急な仕事が入ることなどを調整するだけの権限を与えて初めて、プロジェクトリーダーは責任を全うできる状態を手に入れることができる。

複数の経営層からの過剰介入

また、経営層は開始後のプロジェクトを放置しがちな一方で、何かトラブルが発生した場合には頻繁に細かい報告を求める。その結果、最もプロジェクト状況改善のリーダーシップを発揮しなければならないプロジェクトリーダーが経営層への報告書の作成のために時間をとられ、かえって状況を悪化させていることがある。

老子が「大国を治むるは、小鮮を烹《に》るが如し」（小魚を煮る際に箸で小まめにかき回すとバラバラになってしまうように、大国を治めるには小まめに手を出すのではなく、無為自然に治めるほうがよい）と言ったように、プロジェクトワークのように非定型業務、かつ、プロジェクトチームに任せざるを得ない仕事には、細かく口出しをする管理（マネジメントではなく）は適さない。問題解決まで踏み込んで経営層が介入するマネジメントを行うのであれば別だが、単純なマイクロマネジメントは問題解決に寄与するよりも、問題解決のための時間を奪う害のほうが大きい。

さらに、ひどい場合は、複数の経営層が別々の観点から要求を追加し、プロジェクトの内容がいびつな形で変容していくケースすら存在する。アドバイスと称して非公式の場で自部門や自担当領域に関係する要求を追加する場合や、公式の場での発言だが他の経営層が内容を精査せずに黙認する場合などがあり、プロジェクトの複雑性が増したり、プロジェクトリーダーのモチベーションや責任感を損なったりする。また、プロジェクトリーダーはクリエイティビティを発揮してチャレンジを行っていくことが求められているが、そうしたチャレンジを行うにあたっては、〝裁量権を持って、しっかりと任される〟ことがモチベーションの源泉となる。自分の裁量の届かぬところで、周りから手を加えられる状態は、クリエイティブでチャレンジングなモチベーションを著しく損なうことになる。経営層が無自覚に、プロジェクトにいろいろと手を加えることはプロジェクトリーダーを、ただの作業者に変質させてしまうことになる。筆者自身、プロジェクト開始後に複数の自分より上の立場の人から、当初の目的と異なる変更を指示され、自分のプロジェクトであるという意識が保てなくなってしまったプロジェクトリーダーを何人も目にしている。

　ただし、過剰介入は避けるべきだが、状況に応じて尻叩きは必要である。プロジェクトチームもリーダーも常に最大のパフォーマンスを発揮できるわけではない。時には易きに流れることもあるし、中だるみになることもある。それらに対して発破をかけることは、プロジェクトリーダーの主体性や裁量を侵害することとは異なる。また、〝好き〟の反対は〝嫌い〟ではなく〝無関心〟という言葉があるように、経営層がプロジェクトのことを正しく見た上で適切な指摘を受けたと感じさせることは、褒められるのと同じようにポジティブな影響を与えることになる。

第5節　原因は、戦略にあるのではなく、作戦にある

〝勝算〟を追求することなくして、成功はおぼつかない

戦略そのものと同様に、戦略実行のやり方が重要であることは明らかである。これについては、古くは孫子が「算多きは勝ち、算少なきは勝たず。しかるをいわんや算無きにおいてをや」と言っている。要は、ことを起こす前に、徹底的に勝算が高くなるように準備をせよということである。孫子の内容は、非常に合理的な考えに基づいており、実行段階（＝戦争や戦闘）は非常にコストがかかるものなので、その前にあらゆる手段を使って勝算を高めることで戦わずに勝つか、楽に勝てるようにすることを目指している。この考え方はビジネスでも同じで、大規模なプロジェクトを始めたり、競合他社と真っ向から衝突したりする前に、十分な勝算を立てることが重要である。

筆者自身、これまで約２００件のコンサルティングプロジェクトのリーダーを務めたが、できる限り提案段階でクライアントとの目的・目標のすり合わせ、タスクの具体化と分解、重大なプロジェクトリスクの洗い出しなどを行い、実行前の段階で、こうやればプロジェクトは必ず成功すると思える状態か、あるいは、リスクがある場合はそれに対するヘッジ手段を確保している状態にしていた。その結果、クライアント側の何らかの事情によるものを除き、トラブルで身動きがとれなくなったり、完全に失敗したりしたプロジェクトはいまのところない。プロジェクト期

間終了後に居残りで対応せざるを得なかったり、成果物品質についてトラブルになったりすることもなかった。

さらに、これが戦略・企画立案や改善が中心のコンサルティングではなく、新規事業立ち上げや売上拡大などの実業プロジェクトとなると、できうる限りの勝算を立てて、確実に成功すると確信するに至ったとしても、顧客や競合他社などのアンコントローラブルな要素が多く、不慮の事態が頻発する。例えばかつて筆者が関わった通信業の新規事業立ち上げのプロジェクトでは、事前に準備された新規事業の戦略、ターゲット市場選定、プロジェクト要員リソース、投資予算余力などは、筆者の知る限り最良のものであった。しかし、実施段階では、大量の申し込みの処理のスタックや競合他社の類似サービス導入のようなさまざまな変化や予想もしなかったトラブルが多発して、〝大成功〟の見込みが〝やや成功〟にとどまった。大規模、かつ複雑で、さらに時間的制約が強いという、難易度の高いプロジェクトではあったが、できる限りの勝算を立て、かつ、途中の変更も毎日のように執行役員クラスのチームリーダーが集まって柔軟な意思決定を行ったにもかかわらず、想定していた成果には至らなかった。これを、勝算をろくに立てていない状態で推進していたならば、目も当てられない大失敗になっていたことは明白である。

できる限り〝勝算〟が高い作戦を立てて、リスクテイクする

ここで誤解がないようにしたいのは、勝算を高めることと、成功を保証することとは全く異なるということである。しばしば経営層は、プロジェクト投資などの意思決定にあたって成功の保

証を求めるが、不確実性の高い環境下で成功の保証を行うことは不可能に近く、それは実行しないことと同義である。筆者が知るだけでも、このようなリスクテイクしない意思決定スタイルのために、実行されなかったプロジェクトや、意思決定が遅れて機を逸したプロジェクトは多い。

不確実性の高い環境下で勝算を高めるということは、できる限り作業を分解・具体化してシミュレーション（数学的な定量的なものでも、論理フローの検証など定性的なものでも構わない）を行い、また、できる限り変化に対して柔軟に対応できるシナリオオプションを確保することである。そして、これを限られた時間内で行うことが求められる。

したがって、難易度が高い、または、不確実性が高いプロジェクトに関しては、起案段階で最優秀の人材を投入することが必要となる。しかしながら、多くの企業で起案のリーダーは、実務を最優秀とは言えないメンバーに任せているケースが多いように見受けられる。

ドラッカーは戦略を実現させるための作戦に相当する「戦略計画」というものを重視している。あまり耳慣れない言葉だと思うが、以下のように定義している。

「戦略計画とは何か。それは、①リスクを伴う起業家的な意思決定を行い、②その実行に必要な活動を体系的に組織し、③それらの活動の成果を期待したものと比較測定するという連続したプロセスである。」

（P・F・ドラッカー、『マネジメント［エッセンシャル版］』、上田惇生訳、ダイヤモンド社）

①はそもそも不確実性の高い環境下で難しいプロジェクトを行うということそのものであり、②は先に述べた、不確実性の高い環境下で勝算を高める時のアプローチとほぼ同じことを言っている。③は適宜結果検証を行い継続的に勝算が高い状態を維持することを意味している。そして、これらを直感的、属人的に行うのではなく、プロセスとして規定することを提言している。

多くの大企業では、〝企画〟と〝計画・実行〟が分断されており、初期の計画が柔軟性に欠け、やり遂げるための実行性が不透明なままで変革プロジェクトをスタートさせている。本格的な行動、具体的には投資やプロジェクト開始の前に、〝勝算〟、つまり成功に至る道筋をつけることが習慣付けられていないために、〝絵に描いた餅〟が絵のままになってしまい、社内で企画や計画立案が〝お絵描き〟という言い方になっている企業が多い。成功に結びつくどころか、逆に企業やプロジェクトを成功から遠ざけてしまっている〝お絵描き〟をやめて、ストイックなまでに勝ち筋を追い求めるように経営層とプロジェクトリーダーの行動を変えていく必要がある。

第3章

いま日本企業に必要な「シン・トップダウン経営」とは

第1節　「シン・トップダウン経営」とは

経営層（トップ）の力でプロジェクト型変革を成功させる

これからの企業変革は、複数の組織を横断することが少なくない。時に既存組織の従来のやり方を否定しなければならないことも多いことから、既存組織のしがらみから切り離して、プロジェクトを立ち上げて推進することが合理的である。変革をプロジェクト型組織で進めるということは、海外では随分前から一般的であり、日本企業の経営層と話をしても、もはや共通認識として成立していると言える。

では、日本企業がプロジェクト型変革を成功させるために適した環境下にあるかというと、これまで述べてきた、〝過度な現場主義〟などの組織風土や、〝必要戦力の適切な投入の軽視〟などのプロジェクトの扱い方が示すように、残念ながら上手くいかない要素にあふれている。これもすでに述べてきたことではあるが、この状況を変えるために必要なことは、経営層の関与を適切に強化していくことであると筆者は考えている。そして、現場主義が強く、経営層の実効的なリーダーシップが弱い日本企業の現状において、それを叶える現実的なやり方の1つが「シン・トップダウン経営」である。

「シン・トップダウン経営」で実現すべき状態＝メカニズムに関しては第4章で、必要な要素を分解・整理して具体的に述べていく。本章では、「シン・トップダウン経営」により、経営層がトップダウンで解決すべき根源的な課題について紐解いていく。

プロジェクト型変革を成功させるために必要なもの

プロジェクト型変革を成功させるには、〝組織をまたがって組成される、さまざまな特徴を持つプロジェクト〟を〝不確実性に適切に対応〟して、完遂させ、企業にとっての成果を得るサイクルを〝常態化〟させる必要がある。

そのためには、まずプロジェクトに参画するリーダーやメンバーを既存組織の枠を超えてプロジェクトワークに集中させなくてはいけない。このメンバーには、社外のフルタイム参画するパートナーや、スポット参画する専門家なども含まれる。

また、社員の中に眠っているクリエイティビティを喚起し、減点評価を受ける不安や、やっても無駄だと思う無力感から解放して、本来の能力を発揮させることも必要である。

さらに、不確実性の時代であることから、万全を期しても上手くいかないことや、見通しのズレが生じてくることを当たり前のこととして受け入れざるを得ない。その前提に立った上で、多数のプロジェクトによって企業にもたらされる成果を最大化するためには、プロジェクトの開始・拡大・縮小・廃止などを、鳥瞰的な視野から行い、限られたリソース（ヒト、モノ、カネ）を無駄なく使うようにすることが求められる。

トップダウンを強化する必要性

これらのことを実現するために必要なのが、経営層のトップダウンでのリーダーシップと、複雑な要素を効率的かつ効果的に回していくためのマネジメントのメカニズムである。ただし、筆者は日本の強みでもあった〝現場主義〟を廃止せよと主張しているわけではない。〝現場主義〟が過度に強くなり、経営層によるリーダーシップやマネジメントが弱くなりすぎた状態を変えるためには、〝現場主義〟偏重から、〝トップダウン〟側に意図的に舵を切ることが必要だということである。

これまで長年にわたって形成されてきた集団志向で内向的な〝慣性力〟を打ち消して、外部環境の変化に柔軟に対応できるようにして、同時並行的に発生するさまざまなプロジェクト型変革を成功させるには、経営層がプロジェクトを右手でコントロール（優先順位付け、変更、リソース配分など）しつつ、左手でサポート（チャレンジ精神やクリエイティビティの醸成、社内外の尖った人材の確保など）するような、〝上意下達〟とは異なる意味の〝トップダウン〟での影響力の行使が望ましいのだ。

トップダウンと現場主義が共存する姿とは

たとえとして適切かどうかは別にして、現場とリーダーの関係という点では、サッカーチームの運営がスタイルとして近いかもしれない。サッカーチームの〝監督〟を経営層、〝チームの司令塔〟をプロジェクトリーダーと考えれば、不確実性が高い環境下で短期視点と中長期視点を持ち、トップダウンと現場主義を上手く共存させていることが分かるのではないか。ミッドフィルダーなどの〝役割〟がプロジェクトのサブチーム、1つの〝試合〟がプロジェクトである。

サッカーチームの目標は、シーズンを通じて優勝することにある。そのための戦略を考えるのはもちろん監督である。しかし、個々の試合において、現場を主導するのはチームの司令塔である。監督は細かいゲーム運びにそのつど口を出すことはないが、勝敗を左右する重要な局面ではベンチ前からゲームの進め方の方針変更を伝えたり、選手の体力の配分や育成などの観点も踏まえつつ、選手交代の指示を出したりする。結果を出すのは現場であるチームだが、監督は、個々のゲームとシーズン全体において、より良い結果を出すために、チームメンバーだけでは判断できない視点から介入を行う。

ただ、プロジェクトは数カ月から数年をかけて進められるものであるため、実際のビジネスでは、サッカーの監督のように、経営層が四六時中、ゲームから目を離さないのは現実的ではないが、それゆえ、中長期視点を持って不確実性に配慮しつつ、適宜、現場に介入して個別プロジェクトの成功率向上と全体の成果の最適化・最大化を実現できるような組織構造が必要なのである。その手がかりこそが、多数のプロジェクトを横断的にマネージするトップ直轄の組織である、全社プロジェクトマネジメントオフィスの設置にあり、「シン・トップダウン経営」はこの組織機能の活用の上に成り立つ。なお、全社プロジェクトマネジメントと名付けられているが、大きな企業の場合は事業部や情報システム部門などの部門単位で設置・運用されることもある。

言い方を変えれば、「シン・トップダウン経営」とは、これまで抑制気味であったトップダウンによるトップの現場への介入を改めて強化しつつも、プロジェクトの優先順位付けやリソース配分、支援などの組織機能をそこに組み込むことによって、〝俺様型〟ではないトップのリーダーシップとして合理的・合目的的に、変革の成果の最適化・最大化を図るマネジメントメカニズム（通常の英語表現だとマネジメントシステムだが、日本においてシステムという言葉はＩＴシステムと混同されやすいため、本書ではメカニズムという言葉を使用する）である。

トップダウンで取り組むべき日本企業のプロジェクト型変革の重要課題

「シン・トップダウン経営」で経営層が改革すべきものは、どのようなことなのか。

あらゆる組織が目的を達成するために設計されるように、「シン・トップダウン経営」の理想形の手がかりもまた、目的にある。つまりは、変革を成功させるべく、トップが介入することによって解決する課題こそが、システムの姿を浮き彫りにしてくれる。

この課題をまとめると、大きく次の５つになる。

1. 企業が、社員の能力を活かせていない
2. 社員が、リーダーやプロジェクトリーダーになりたくない
3. 企業が、社員のチャレンジへのモチベーションを低下させている
4. 企業が、社員のクリエイティビティを引き出せていない
5. 社員が、多種多様な人材のチームをまとめる力が弱い

図3-1

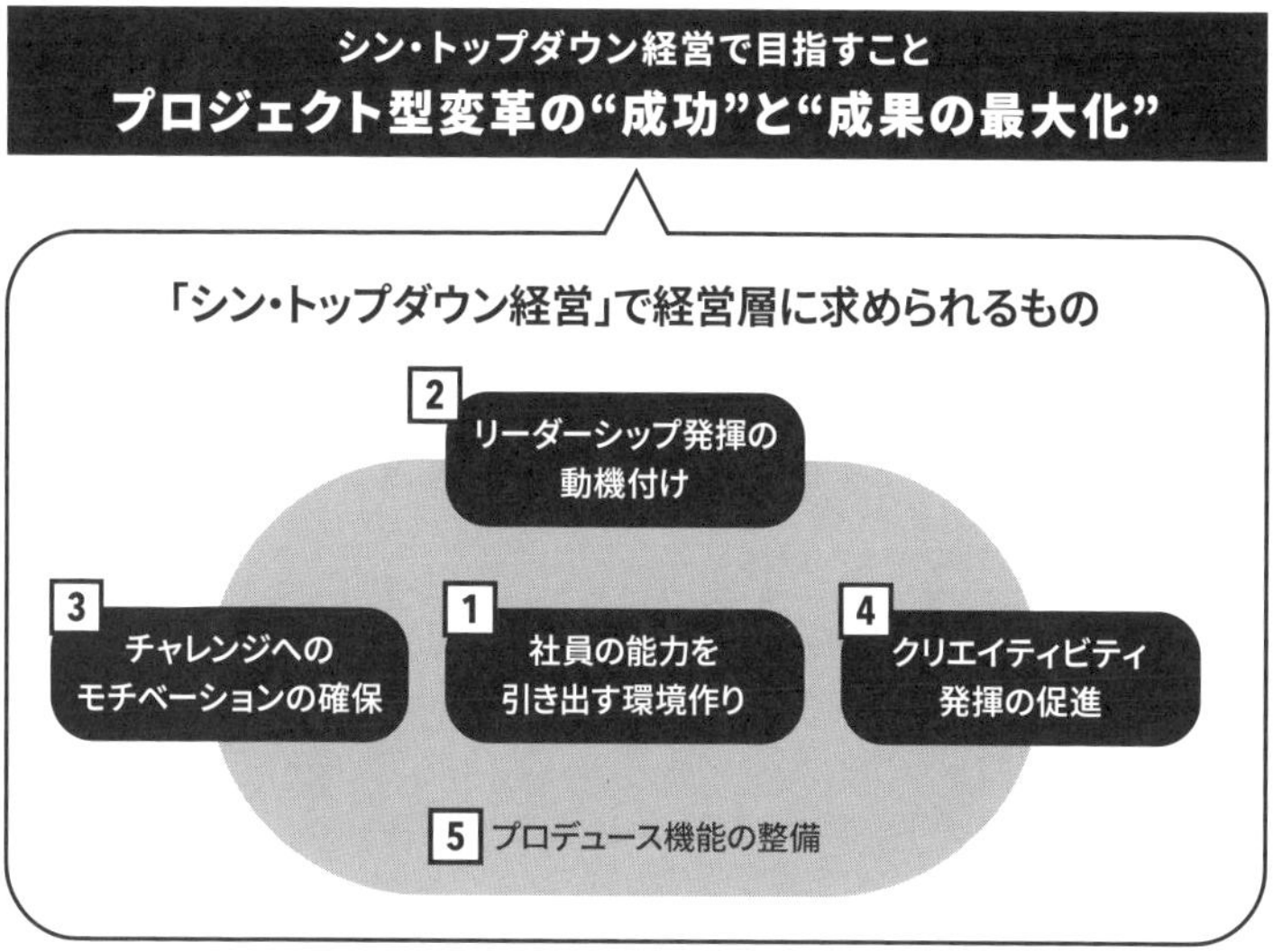

これらはいずれも、そもそも経営層自らがリーダーシップを発揮して〝トップダウン〟で解決すべきものか、もしくは、長年のしがらみで〝トップダウン〟でしか解決できないものである。

「シン・トップダウン経営」にふさわしい組織運営のあり方を探るためにも、これらの課題について具体的に分析し、それぞれの解決に必要な経営層の役割や関わり方について見ていくことにする。

第2節　社員の能力を引き出す環境作り

社員の能力に自信がない日本企業

トップの介入を必要とする課題の1つ目は、プロジェクトメンバーの能力の活用である。

といっても、社員を〝育成〟してこれからの変革の中核を担う社員の能力を高めるという話ではない。日本企業の場合は、社員を過小評価する傾向が強く、せっかくの能力を〝普通に発揮できていない〟ことが少なくないのである。

GEが2年に一度作成している「GE Global Innovation Barometer 2018」によると、先進国・途上国含めた20カ国、2090名の調査で、「何が、効率的にイノベーションを起こすビジネスの能力を制限する重要な課題と考えていますか？」という問い（複数回答）に対して、社員が課題であるとする「タレントの欠如・不適切なスキルセット」を第一に選択したのは、日本とインドだけであった。他にもこの回答を選択した国は多数あったとはいえ、日本が〝予算的制約〟や〝経営層の意思決定〟を差し置いて、社員を一番の制約と見ているのは問題である。

実際にコンサルティングを行っていると、バイヤーとなる経営層や部長クラスから、毎回のように「うちの社員はスキルがないから」「うちの社員じゃできないから」と聞かされる。社員だけではできないと考える人がいるからコンサルティングの仕事があるとはいえ、毎回ともなると、さすがに疑問が湧いてくる。

彼らの自社社員に対する評価は真実なのだろうか？　筆者はそうでないと見ている。経営層が自社の社員に対して持っているイメージは実力値よりも低い。それが、社員が本来の能力を発揮することを妨げる見えざる壁となっているのではないか？

能力が低いのではなく、発揮しにくい環境

筆者自身、これまで多くの一流企業の社員と一緒に仕事をしてきたが、彼らのポテンシャルがコンサルティングファームの社員と比して明確に低いとは感じられないし、学歴を見ても差があるようには思えなかった。

それでもプロジェクトワークの中で、コンサルタントのほうが高い能力を発揮することが多いのは、おそらく以下の2点で有利な状況にあるからだと思われる。

①　プロジェクトワークに集中できること

コンサルティングファームの社員は、スタッフレベルであれば1～2プロジェクト、プロジェクトリーダーレベルであれば1～3プロジェクトを担当することが多い。スタッフレベルの場合、3プロジェクトを超えると、プロジェクト作業が一時的に飽和状態になって成果が出なくなるリスクが高くなり、プロジェクトリーダーでも、大規模プロジェクトだと専従で、小規模プロジェクトでも自身がリーダーシップを発揮して結果を出せるのは3から4プロジェクトが限界と考えられている。また、プロジェクト以外の業務はプロジェクトリーダークラスまでであればほぼない（勤怠や経費精算、まれに請求処理を行う程度）。そのため、コンサルティングファームの社員は、プロジェクトワークに集中でき、能力を発揮しやすい。

②　組織がノウハウ（ナレッジ、アセット、ソリューションなど）を持っている

例えば、大手のコンサルティングファームであれば、各種戦略の基本的な進め方、インプッ

ト・アウトプットなどの方法論や、課題整理のフレームワーク、既存のソリューションなどが確立されており、文書化されていなくても、エキスパートに話を聞くことで正しい進め方と成果物のイメージを持つことができる。そのため、迷ったり、不安になったりすることによる、知的生産性の低下を回避することができる。

①はできていない企業が多いが、自前でやろうと思えばできる。

しかし②はそうはいかない。時間と品質を考えれば、ノウハウは金で買うことにして、外部の力を活用するのが効率的なのは間違いないが、それと社員の能力不足は、また別の話である。

筆者は過去に何度か、①プロジェクトワークに集中できるようにして、②ノウハウを伝授すれば、コンサルタントと同レベルのプロジェクトワークができる、ということを立証する実験的なプロジェクトを行ったことがある。対象としたのは、顧客企業内でエース級とまではいかないが、頭の回転が速く、〝根性〟がある人である。手法としては、まず、主に業務改革などに関するヒアリングやグループディスカッションの中で、現状を変えたいという思いが強く、コンサルタントと協力して問題解決をしたいと考える人を見つける。次に、意図的に思考と実行の両方を行う役割を担ってもらい、パイロットメンバーとしてプロジェクトに集中できるようにすることで①を解決した。また、十分な工数が確保できたために、当該領域は未経験のメンバーを戦力化する場合と同じようなノウハウ移転を行うことで②を解決した。

その結果、プロジェクトで検証のターゲットとして選択した課長クラスと主任クラスのほとんどが、それぞれリーダーシップを発揮して、先頭に立ってプロジェクトを推進したり、現状にとらわれない思い切ったアイデアを出したりすることができた。

最も象徴的であったのは、ある大型プロジェクトで多数のオペレーションセンターを立ち上げた時に、人手不足のためにやむなく閑職から引き抜いてきたある人材をセンター長に据えた時だった。そのセンター長は、最初はプロジェクト内部でのディスカッションすらおぼつかない、頼りない人物であった。それが、プロジェクトワークに専念して、かつ、周りからノウハウの提供やサポートを受けつつ責務を果たした結果、1年後にはグループ会社に業務オペレーションセンターの効率化に関する講義を行うことができるようになった。

なお、上記のプロジェクトの多くは、必ずしも先進的な企業でもなければ、変革に積極的な企業でもなかった。変革が得意ではない社員ですら、機会と環境を与えられれば、普段はエース扱いをされていない〝普通の人〟や場合によっては〝できない人〟達が変革のエンジンとして十分に機能するのである。全般的に基本的な能力が高く、会社に対する忠誠心や思い入れが強い日本企業の社員は、実はポテンシャルが非常に高い。上手くポイントを押さえれば変革プロジェクトのメンバーとして短期間で戦力化できる。社員の能力は憂うべきものではなく、むしろ日本企業の長所であると言える。

多数のプロジェクトメンバー候補はいるが、プロジェクトリーダーの確保が課題

変革プロジェクトに参画するメンバーは、業種にもよるが、大企業であれば、多くても全社員

の3～5%程度、1000人規模の企業であれば30～50人であろう。②の変革ノウハウは外部を活用せざるを得ないにせよ、筆者は経営層が言うように実行メンバーが本当にいないとは思えない。

ただ、本当に有能なプロジェクトリーダーが、日本企業において不足している傾向があるのは間違いない。実際、コンサルタントとして個別プロジェクトに関わる時にも、顧客企業で選ばれたプロジェクトリーダーを見て、サポートしてもリーダーとして機能できそうにないと判断し、提案を見送ることもある。

リーダーがしっかりしていなければ、上長や周りの意見を受けて軸足がぶれてしまいプロジェクトが迷走するか、逆にこだわりが過ぎて柔軟な方針転換ができないリスクが高まる。

このパターンは〝経営層に指示されたから、とりあえずやらなければならない〟という案件に多い。逆に〝プロジェクトリーダー自身がやりたい、自分の能力を発揮したいと思って、苦労して予算を確保し、実現にこぎつけた〟ようなプロジェクトにはほとんど見られなかった。

このことからも分かるように、プロジェクトリーダーに力を発揮させるカギは能力の肯定にある。マネジメントのプロセスでも、当然のことながら、そこに配慮する必要がある。

育成という観点で言うと、筆者の実験結果を示すまでもなく、難易度が高い仕事の成功体験はスキル向上や、モチベーション向上、マインドセットの転換をもたらす。だが、同じ難易度が高いプロジェクトをやらせるにしても、経営層が〝経験を積ませる〟という表現を使って、成功の見込みが薄いプロジェクトを社員に担当させてもスキル向上は期待できない。詳細は第4節で述べるが、そもそもその人材の能力を肯定的に評価していない（否定的に評価しているか、そもそも能力を見ていない）ため、本人が高いモチベーションを持つことができないからだ。〝勝算〟があるプロジェクトだからこそ、難易度が高くとも挑戦しようと思え、自分の能力を発揮してみようという気持ちになる。そして、たとえ失敗したとしても意味のある経験となる。

同じことは、クリエイティビティの発揮に関しても当てはまる。自分自身でクリエイティビティがないと思っている人も含め、ほとんどの人間には生来クリエイティビティが備わっている。だが、同時に、多くの人が自分には大したクリエイティビティがないと勝手に決めつけて、自ら可能性を奪っている。

だからこそ大切なのは、いま、クリエイティビティを発揮していない、あるいは、自ら動こうとしない社員の能力を否定するのではなく、どうやって能力を開花させるかという視点で見ることである。〝開花するまで待っていられない〟と言われるかもしれないが、前述のオペレーションセンター長は、戦力として期待できない状態から、立派な戦力になるまで半年程度しかかからなかった。いきなりすべてを肯定する心持ちにはなれないかもしれないが、経営層は〝うちの社員にはできない〟ではなく〝うちの社員だけではできない〟と考えるようにすることだ。

トップダウンで風土改革を行う

つまるところ、プロジェクトに関わる人材の能力の発揮を妨げているのは、企業内の風土なのである。そこが変わらなければ、いくら優秀だという触れ込みの人材をあてがったところで、同じ失敗を繰り返すだけだ。

プロジェクトの勝算を高めて成功体験を積ませたり、社員のクリエイティビティを引き出したりするためには、〝プロジェクトは評価・査定するものではなく支援するもの〟、〝社員を評価で締めつけるのではなく能力を最大限に発揮させる〟との意識を経営層が強く持ち、先頭に立って中間管理職以下に浸透させる必要がある。そして、経営層や中間管理職の行動によって一般社員の信頼を得て、困難なプロジェクトにも進んで立ち向かい、イノベーションを起こすことが当たり前の組織に変える組織風土改革を進めるべきなのである。

風土改革とは、新しい行動スタイルを経営層が宣言して社外に発表し、社内に展開することではない。経営層や管理職が新しい行動スタイルを実践して、一般社員からプルーブン（証明済み）だと認識されて初めて風土改革は成立する。

いま問われているのは、聞こえのいい机上の理論ではなく、そんな風土を社内に浸透させるシステムなのである。そして、それを実現するために、プロジェクト型変革を束ね、経営層直轄で風土改革から実際のプロジェクト課題の支援までを行う組織機能（チーム）が必要なのである。

第3節　リーダーシップ発揮の動機付け

リーダーになりたくない若手社員

トップの介入を必要とする課題の2つ目は、プロジェクトリーダーを魅力的な仕事にすることである。近年はプロジェクトリーダーという仕事をやりがいやチャンスととらえるよりも、面倒なことや会社人としてのリスクとしてとらえる社員が増えている。メンバーを率いて新しいことにチャレンジするリーダーが、自ら望んでではなく、会社にアサインされてやむなくプロジェクトを行っている場合には、当然、リスク回避型で小さくまとめて冒険しないスタンスで取り組むことになる。

　経営層や年配の管理職が感覚的に理解しているように、現在の部長や経営層クラスが若い頃に主流であった〝積極的に難しいことにチャレンジして、出世し、地位や生活水準をあげていく〟という考え方は、近年の若手層の基本的な考え方のベースにはなっていない。

　プロジェクトを恒常的に実施しており、複数プロジェクトの兼務も珍しくない情報システム部門においては２０００年代から〝プロジェクトリーダーになりたくない〟という社員の増加が問題になっている。さらに２０１０年代には職種に関係なく、リーダーになりたくないという社員が増加している。サイボウズが２０１３年に24～30代前半を対象に行ったアンケートでは、全体で約69％、男性では約56％、女性では実に約83％もの社員がチームのリーダーになりたくないと答えている（図３－２参照）。

　組織においてリーダーとなることは、〝企業に対して、各組織、個人がどのような貢献を行うことが求められるか〟、〝個人能力ではなく、組織力をどのように作り上げていくか〟などを学ぶ重要な機会である。全員がリーダーを目指す必要もないし、なれないが、〝なりたくない〟と思う人が多すぎるのは良くない。これは、いわゆるゼネラリストだけでなく、スペシャリストでも

図3-2　**今後、チームのリーダーになりたいと思いますか**

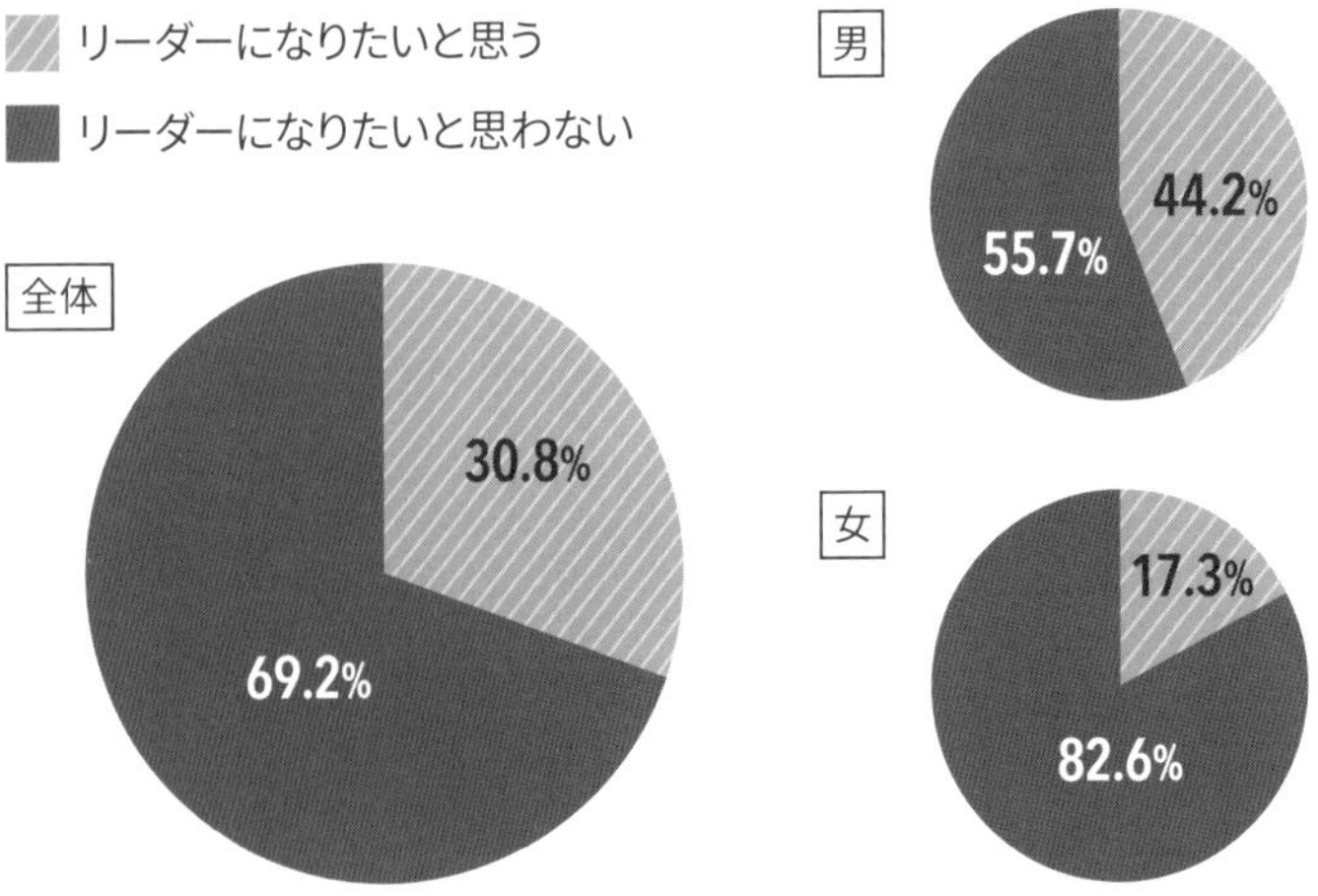

出典:サイボウズ株式会社 ブログ2013.9.10より著者作成

変わらない。むしろ、これから〝ジョブ型〞に変わっていくということは、スペシャリストが増加することを意味する。

逆に、入社時点から自律的な人材は、20代のうちにリーダーとなって活躍しようとするか、会社に愛想をつかして転職するだろう。

筆者が採用担当パートナーであった2010年頃から、第二新卒や入社数年目の若手の中に、我儘で身勝手な我慢できないタイプではなく、優秀な社員だがその企業では活躍できないと感じて応募してくる比率が高くなったことを経験している。それまでは、未経験者はとらない方針であったが、採用した20代の未経験者の多くは短期間で貪欲に学び、中核メンバーとなっていった。

リーダーになりたくない社員が増えた理由についてはいくつかの考察がある。

１つ目は「ゆとり教育」や「ワークライフバランス」の浸透といった企業外部の社会的要因によって若者の価値観が変化したというものである。ただしこれについては、「ワークライフバランス」が早期に浸透している欧米先進国で、なぜ、〝リーダーになりたくない〟問題が発生していないのか説明がつかない。ゆとり教育に関しては２０１０年度に廃止されているが、筆者はゆとり教育前後での〝リーダーになりたくない〟比率の違いのデータを持っていないので言及は避けたい。

２つ目は、働く女性にとって、出産、育児、家事などの負荷や時間的制約と、企業内のジェンダー差別によるものだというものである。これについては、企業側で対応が必要であることは間違いがないであろう。

３つ目は、リストラや人員の効率化により管理職の比率が低下したことと、政府による残業規制の強化により、グレーゾーン的な位置付けにある「名ばかり管理職」に業務負荷が集中し疲弊したという企業内部の問題である。ただし、後者に関しては２０１９年の労働基準法改正により、管理監督者と管理職が分離され、いわゆる経営層クラス以外は残業などの規制の対象となることになったため徐々に改善すると思いたい。

筆者は、ある程度は企業外部の要因もあるだろうが、主たる原因は企業内部にあると考えている。成果主義＋ＭＢＯ（目標管理制度）の人事評価においては、残業規制時間内で収まらない仕事量であっても、残業規制を超えることを回避するために、業務を完了できなかったり、業務内容が中途半端になったりした場合には〝目標未達〟という評価がつけられることになる。管理職であろうが、そうでなかろうが、社員が組織における何かのリーダーとして位置付けられる場合は、規定労働時間内に完了できない〝達成目標〟を設定される可能性が高い。

評価を気にしすぎるようになると、リーダーとしてのやりがいを感じるよりも無難に進めようという動機が強まるばかりである。

負荷調整がなくプロジェクトに集中できないプロジェクトメンバー

これまで述べてきたように、日本企業では兼務時の要員稼働の管理を行うという組織的な習慣と仕組みに欠けている。プロジェクト側から見ると、プロジェクトリーダーは参加メンバーが自分のプロジェクト以外に、他のプロジェクトや所属組織の現業にどの程度の稼働を必要としているのかを把握していないことが多い。また、所属組織側から見ると、所属組織長も、プロジェクトに出したメンバーが1つ、または、複数のプロジェクトにアサインされていることは知っていても、それぞれのプロジェクトでどの程度の稼働がかかっているのかを把握していないことが多い。

一昔前であれば深夜残業の連続になっていたが、「三六協定」、「残業時間の上限規制」などにより、増えた仕事を残業で補填することが困難になってきており、その結果、現業とプロジェクトの双方の作業が中途半端になって品質が低下したり、現業や他プロジェクトが優先されて自分のプロジェクトの作業が後回しにされたりすることが発生している。

例えば、複数プロジェクトの稼働管理が比較的定着している一般的なコンサルティングファームでは、プロジェクトごとに売上と費用の管理を行っているため、あるメンバーが２つのプロジェクトにそれぞれ50％アサインされた時に、プロジェクトリーダー側は50％に収まるように作業をコントロールしなければならない。もし、メンバーの作業品質の問題や外部環境要因により50％で収まらない場合は、もう１つのプロジェクトリーダーとメンバー稼働に関するネゴシエーションを行わなければならない。それでも、しばしば連絡なしに過剰な稼働を強いられて、自分のプロジェクトの作業が遅れたり、品質低下が発生したりしてトラブルになる。

兼務メンバーの稼働配分を文書や管理システム上で明記して、稼働調整を行う仕組みができている組織ですら、プロジェクトリーダーにとって兼務メンバーのマネジメントは難しい。多くの日本企業のように兼務の稼働実態すら把握していない状態で、プロジェクトリーダーにとって兼務メンバーはアンコントローラブルな存在であり、よほど余裕のあるスケジュールでなければ計画通りにプロジェクトを進めることは不可能に近い。

このような状況下で、プロジェクトリーダーのオーナーシップが希薄になることは当然であり、プロジェクトが一丸となって進む熱いチームワークが醸成されないのも当然である。それをプロジェクトリーダーの責に帰すことはできない。これは、プロジェクトメンバーの兼務だけに発生する問題ではなく、プロジェクトリーダーの兼務でも同様のことが起こる。社員がプロジェクトリーダーになりたくないと思うのも当然である。

どうにかするのは人事部門ではなく経営層

筆者が社会人になった頃には、毎日タクシー帰りで、人より早く仕事を終わらせたら、さらに仕事を増やされるような環境であったが、上司から「せめてマネージャーになるまでは辞めるな。マネージャーになると見える世界が変わる。マネージャーからが本当の社員だ。それまでに辞めたら、苦労のし損だぞ！」と言われたことをいまも覚えている。筆者の場合、ルーティンワークではなかったので仕事量＝能力向上であったことと、マネージャーになって自分で思うようにプロジェクトを動かしてみたいという思いが強かったため〝チームのリーダーになりたくない〟と思ったことはなかった。しかし、もし、マネージャーになっても前項で述べたような要員リソースがアンコントローラブルで、会社からの支援も受けられないような未来が待っていたとしたら、確実に退職していたと思う。

日本企業では〝人材に関することは人事部〟という認識が強いが、兼務の稼働を明確にして、アサイン先のプロジェクト間で調整を行うようにするということは、人事部が中心となって変えていくことではない。人事部は管理する仕組みを作ることはできるが、重要な仕事やプロジェクトをどのように割り振っていくのかを考えるのはスタッフ部門ではなくライン部門の仕事である。近年のプロジェクトのように部門横断的なものについては、さらにそれをまとめる経営層が旗振り役となり、また、率先して行うべきである。

また、プロジェクトリーダーや組織長になりたくないということに対しても、社員がなぜリーダーになりたくないかを調査するのは人事部であっても、原因を作っているのは各部門、あるいは、会社全体であり、これも経営層がリードして解決すべきものである。人事部が解決すべき課題にするのではなく、経営層の課題としてとらえ、社員がリーダーを目指す組織文化を作っていかないと、多数のプロジェクトを同時並行的に動かすことが求められるデジタル時代を生き抜くことができない。

第4節　チャレンジへのモチベーションの確保

成功することが信じられないとモチベーションは湧いてこない

トップの介入を必要とする課題の3つ目は、チャレンジするモチベーションを引き出す仕組みである。といっても、大きな報酬を出すという話ではない。プロジェクトにおける最大のモチベーションに関する問題は、リーダーやメンバーが成功できると思えないと、モチベーションは著しく低くなるということである。自分達が〝プロジェクトを成功させることができる〟と思える状態を作り出さなければならない。

これまでプロジェクトやプロジェクトリーダーの置かれている不幸な状況について述べてきた。そういう状況が続くと、経営層が気づかないところで、組織全体のモチベーション低下がもたらされる。そのため、客観的に見て〝これなら当然成功するだろう〟と思える簡単なチャレンジのプロジェクトですら上手くいかないことがある。この原因の1つは、プロジェクト関係者がプロジェクトの成功を信じていないため、モチベーションが低下し、知的生産性が下がっていることによる。組織がチャレンジするモチベーションをいかにして下げているかを、数式化された分かりやすい理論で紐解いてみたい。

モチベーションの基礎理論の「期待理論」

　モチベーションは経営学の中でも科学的な研究が進んでいる分野で、主な理論にＡ・マズローの「欲求階層説」、Ｆ・ハーズバーグの「二要因理論（動機付け・衛生理論）」などがあり、１９６０年代にモチベーションをモデル化や数式化した「期待理論」で、経営層がモチベーションをコントロールする具体的な取り組みに落とし込むことができるようになった。

「期待理論」はＶ・ブルームによって提唱され、Ｌ・ポーターやＥ・ローラーによって発展した理論であるが、本書は学術書ではないのでその差異を論じることはしない。ポーター＆ローラーのモデルは要素が多く複雑なため、筆者が30年前に経営学概論で神戸大学経営学部の坂下昭宣教授に教わった数式をベースに解説する。

　モチベーションはＥＰ期待（努力すれば成果があがるという主観的な期待）と、ＰＯ期待（成果に対して報酬が得られるという主観的な期待）とその価値の積（掛け算）によって表すことができる。「期待理論」と言われるゆえんは、ＥＰ期待、ＰＯ期待ともに、客観的で正しい確率ではなく、本人の主観的な思い込み＝期待であることからきている。

　また、ＰＯ期待の前にΣがついているのは、ＰＯ期待が１つではなく、報酬としてボーナス、昇進、昇給、社内からの尊敬、家族からの尊敬、自己実現など多岐にわたり、これらの報酬の価

図3-3

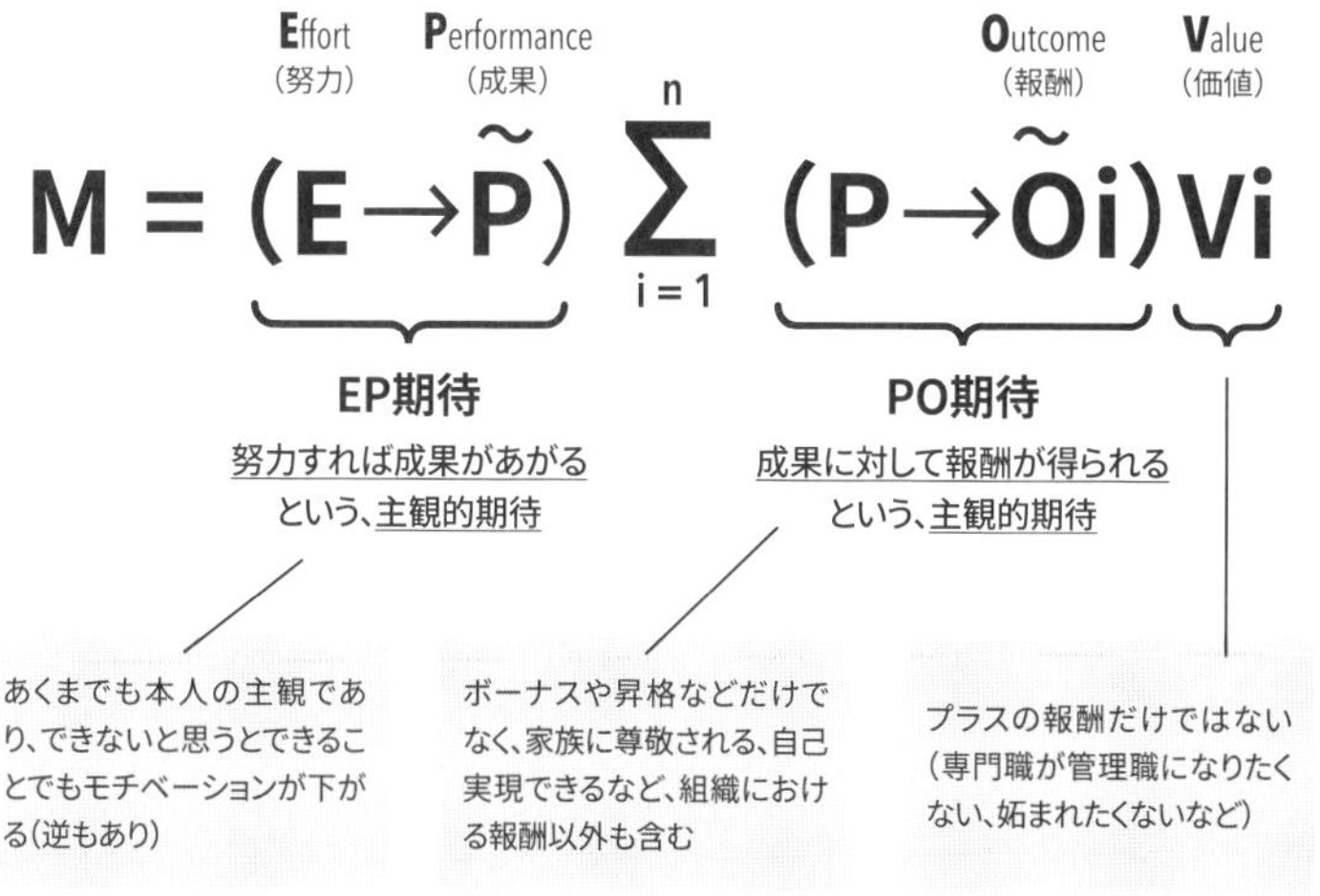

値の合計が誘因の大きさを示す。また、これらは外部（企業）から与えられる外発的報酬と、自己満足・自己実現などの内発的報酬に分けられるが、これについては次節で解説する。

プロジェクト活動において、モチベーションを低下させる原因として特に重要なのはＥＰ期待である。本節冒頭で述べたように、成功するという自信がない状況＝ＥＰ期待がゼロに近い状態だと、どれだけ魅力的な報酬を示してもモチベーションはあがらず、〝言われたからやるが、結果は気にしない〟という受動的な作業となってしまう。

分かりやすいたとえで言うと、〝１００ｍを１秒で走ることができれば、１兆円提供する〟と言われて真面目に取り組む人はいるだろうか。期待理論で表すとＥＰ期待＝０、ＰＯ期待＝１（確実に提供される）、Ｖ＝非常に高いということになり、掛け算をするとゼロになってしまう。

この理論を理解すると、多くの企業で経営者やプロジェクトリーダーが発している「うちの社員はスキルがない」「うちの社員ではできない」、「うちの会社でこうしたプロジェクトが成功したためしがない」などの発言がいかに社内にネガティブな影響を与えるか分かるだろう。企業の各層がＥＰ期待を下げる自己暗示をかけていることになり、プロジェクトリーダーやメンバーは実際の成功率よりも低く考えてしまい、モチベーションを低下させている。モチベーションが低いとプロジェクトのような非定型業務のパフォーマンスが劇的に低下するので、本来なら成功するプロジェクトが失敗するというようなことが起きる。

一方で、経営層やリーダーが、プロジェクトリーダーやメンバーを上手く乗せたり、安心感を与えたりすることによって実際の成功率よりも高く（容易にできる）と思わせて、モチベーションを高めているケースもある。ただし、これの濫用は危険で、上手く乗せられているのは最初のうちだけで、何度も失敗を繰り返すと〝笛吹けども踊らず〟という状態になる。

社員は良くない経験も学習する

これまで〝勝算〟にこだわってきたが、ここにもその理由の1つがある。甘い計画を立てたり、状況変化に適切に対応しなかったり、十分な要員リソースや各種支援などがないまま失敗を繰り返していると、〝次も失敗する〟という刷り込み学習が組織全体に対して行われ、ＥＰ期待が実際のプロジェクト成功率よりも低い状態になってしまう。また、〝次も失敗する〟可能性が高いことが前提になっているために、〝どうせ会社には何を言っても無駄〟、〝努力しても無駄〟という考えの下で、〝勝算〟を高める努力を行わなくなってしまう。経営層が、〝社員が変革に対して積極的ではない〟と感じる原因の1つはこれである。

この状態に陥ってしまった場合は、自力での回復はかなり困難である。なぜなら、組織に対する不信感が根底にあるため、経営層やリーダーが言葉を尽くしても信用されず、モチベーションがあがらない。成功するためのモチベーションがあがらず、モチベーションをあげるにも成功しないというデッドロック状態になっている。よく、「信頼関係を築くのには時間がかかるが、失うのは一瞬である」と言われるが、経営層が意識してやっているのではないにせよ、社員、特に変革活動の中核となる要員に、〝会社がプロジェクト推進を支援してくれない〟、〝明らかに無理があるプロジェクトを要求している〟と思わせていることが多いのではないか。

また、成果主義＋ＭＢＯを導入している場合、自分達の責に帰さない理由で目標を達成できない場合に、人事評価で低い評価をつけられるのではないかという不安にもさらされている。自分で解決できない不安はモチベーション、特にクリエイティビティを下げる要因となる。

湿った組織を再び燃え上がらせる方法

経営層から、「どうすれば、こういう状態から脱却できるのか？」と聞かれることが多いが、残念ながら簡単に解決するような絶対解はない。

短期間で解決する可能性が最も高いのは外的要因（黒船）であろう。全員が巻き込まれるような外的要因での危機が発生した場合には、全社で危機感を共有しているため、経営層やリーダーの声がプロジェクトリーダーやメンバーに届きやすくなる。とはいえ、〝黒船〟など来ないにこしたことはない。

企業が自発的に〝笛吹けども踊らず〟状態から脱却するための手段の1つ目は経営層やリーダーの一部を入れ替えて、かつ、プロジェクトの〝勝算〟をあげる行動をとり続けることである。このアプローチは合理的である一方で、結果が出るまでに時間がかかる。そのため、結果が出るまでの時間を短縮する工夫が必要となる。具体的には、経営層が優秀なプロジェクトリーダーに短期間で結果が出るプロジェクト、英語ではQuick Winと呼ばれるものを任せて、半年から1年くらいの間に複数成功させ、社内に喧伝して〝潮目が変わった感〟を演出するという、使い古された、しかし、着実な手法がある。ただし、組織全体の意識を変えるほどのインパクトのあるQuick Winは、頻繁に見つかるものではないので、変化には時間がかかる。

一方で、このような戦略的・合理的な方策なしに、毎年のように組織変更を行う企業があるが、組織を変え、組織長を変えても、〝社内政治が合理的意思決定より優先される〟ことがなくなるなど、人間の動きが変わらないと〝笛吹けども踊らず〟は変わらない。

2つ目は〝笛吹けども踊らず〟の影響を受けていない外部の血を入れることで、具体的には外部人材を採用するか内部人材を育成するコンサルタントなどをリーダーやコアメンバーに起用することである。近年はCIO（Chief Information Officer：最高情報責任者）やCDOを社外から招聘することが増えているが、従来の幹部層とのカルチャーギャップなどから、社内で摩擦を起こして起用された本人も周りのメンバーも苦しむことが多いようである。経営トップが保護しないと周りに潰されてしまう可能性が高く、逆に保護しすぎると周りが反発してＤＸや全社変革の取り組みに支障をきたしてしまう。外部起用にあたっては、スポンサーとなる経営トップなどが、外部人材に対して目を離すことなく、かつ、過剰介入にならないように上手くナビゲーションを行うことが求められる。人材を採用して確保することが終わりではない。

３つ目は、大技になるが、大規模なプロジェクトを、経営層以下全員で力を合わせて成功させることである。このケースはおそらく稀で、筆者も実物は一度しか見たことがない。そのケースは社長が全責任を負って、プロジェクトリーダーとチームリーダー（執行役員か本部長クラス）を成功させるためにあらゆる手段を躊躇せずに実行するというものであった。社長は結果責任を負ってくれているので、プロジェクト側の重荷は軽くなっていたが、実行責任はプロジェクト側にあり、かつ、実行が不十分な場合は確実に左遷されるという共通認識があった。そのため、チーム間のコンフリクトは日常茶飯事であったものの、常に個別最適ではなくプロジェクト全体最適を目指して行動していた。この時は、少なくとも社長の時間の２〜３割程度、複数の役員や執行役員は50％以上の時間を投入していた。

現実的には、１つ目か２つ目のアプローチになると思われるが、いずれも経営層が状況を慎重に見極めて、必要なタイミングで、必要十分なアクションをとることが求められる。

いま求められるモチベーション向上策は人事部よりも、経営層の仕事

モチベーションというテーマを人事制度を中心に見ると、どう評価して、どう処遇するかとい

う観点がメインになり、どうしても成果（Performance）が出たあとのＰＯ期待のコントロールに重点が置かれがちである。一方で、ＤＸや企業変革におけるモチベーションに関する喫緊の課題はＥＰ期待の低さであり、経営層が中心となって外部の血を入れる、リスクの初期段階で救援するなどの施策を打ち続けることで、ＥＰ期待を高めるような行動スタイルに変えていくことが求められる。経営層がリーダーシップを発揮して、企業風土を変え、トップダウンでプロジェクトを成功させる仕組み（エコシステム）を構築することが極めて重要になってくる。

第5節　クリエイティビティ発揮の促進

これからの花形人材の〝クリエイティブクラス〟

トップの介入を必要とする課題の４つ目は、イノベーションの源泉であるクリエイティビティを引き出し、少なくとも阻害要因を排除することである。クリエイティビティは繊細であり、その人の精神状態や置かれている環境によって、非常に大きな影響を及ぼす。

多くの日本企業においては、ＤＸへの対応などの会社の未来を作り出していく人材、および顧客に対して製品・サービスではなく提案力や企画力などにより付加価値を提供していく人材が不足している。これらの仕事を行う人材はクリエイティブクラスと呼ばれている。そして、クリエイティブクラスは多くの一般労働者のようにアメとムチ型の成果主義ではモチベーションを引き出すことができず、むしろ、成果主義によって誘引しようとするとクリエイティビティが阻害されることが分かってきている。

２００２年にR・フロリダが著書『The Rise of the Creative Class: and How It's Transforming Work, Leisure, Community and Everyday Life』でホワイトカラーとブルーカラーの階層構造がクリエイティブクラスとノンクリエイティブクラスの階層構造に変化していくと説いた。クリエイティブクラスは、〝価値のある新しい形態や様式を作り出す仕事（whose job is to create meaningful new forms.)〟と定義されており、当時の米国の労働者の約30％に相当し、収入で７割を占めており、クリエイティブクラスとノンクリエイティブクラスの平均収入の格差は５倍以上であった。そして、２０１２年までの10年間で40％まで増加するとした。なお、完全に同一条件での分析ではないが、神戸大学大学院石坂将一氏の論文『日本におけるクリエイティブクラスの分布に関する研究』（２０１４）によると日本のクリエイティブクラスは２０００年に９・９％、２０１０年に10・８％と米国の３分の１以下でかつ、ほとんど増加していない。

クリエイティブクラスは大きく分類すると、いわゆるクリエイターと呼ばれるデザインやメディアワーカーなどの創造的なプロセスに完全に従事している約40％の「スーパークリエイティブコア」と、特定の問題を解決するために複雑な知識体系を利用する企画職や法律家、各種専門職などの残り60％の「クリエイティブプロフェッショナル」から構成されているとしている。なお、「スーパークリエイティブコア」には新たなアイデアでアプリケーションプログラムを開発したり、ＡＩのアルゴリズムを作成したりする極少数のスーパープログラマーも含まれている。

ＯＥＣＤのデータに関して日本の１人当たりの生産性が低く、成長率も低いことに対し、米国

図3-4

	クリエイティブクラス	ノンクリエイティブクラス
ミッション	• 効果(Effectiveness, Performance)創出 • 達成(Achievement)	• 効率性・生産性 (Efficiency、Productivity)追求
業務の特徴・行動特性(Behavior)	• 非日常的、非定型 (Ad-hoc, Non-routine) • 複雑(Complex)、 試行錯誤(Trial & Error) • 抽出・実践(Output, Deliver)	• 定型(Regular) • 単純(Simple)、 繰り返し(Repeated) • 投入(Input)
適性(例)	• 先見性、論理性、独創性、指導力、協調性 • 柔軟性、自主性、高い動機付け・責任感	• 几帳面さ、誠実性 • 自律性
部門・業務の一例	• 営業・提案営業、コンサルティング営業 • 商品企画・マーケティング • 設計・デザイン	• 経理オペレーション (伝票処理、経理精算　など) • 人事オペレーション (異動処理、給与支給　など) • 製造ライン業務
業務評価方法の一例	• Job Description(職務内容、権限) • 目標管理制度(MBO)、360°評価 • ロールモデルに対する行動実績 • より中期的な実績、定性的な貢献度	• 職務要件(事前に適正評価し採用) • KPI(例:時間当たり処理数、受注金額、件数　など)に基づく昇進・昇給、正社員採用　など •短期的な実績

『クリエイティブ・クラスの世紀』(R・フロリダ)より筆者作成

が生産性も成長率も高いことがよく話題にのぼる。その大きな理由の１つが、米国が官民をあげて積極的に高付加価値産業にシフトしていったのに対して、日本政府は同様のことを行わなかったわけではないが、不徹底で低付加価値産業を保護し、ＩＴやバイオなどの21世紀の主力産業での国際的なリーダーシップ獲得に至らなかったことがある。この過程で、社会によって育成されたはずの日本のクリエイティブクラスが十分に育っておらず、これが先の日米のクリエイティブクラスの比率の差に繋がっている。

ただし、これは企業側にも問題があり、クリエイティブクラスに対してグローバル視点で適切な価値評価を行い、給与水準を気にすることがない程度の高報酬を提供するということを行っていなかった。新卒で１０００万円以上の初任給を出したり、既存の給与体系から外れるコア人材の中途採用をしたりするようになったのはここ数年の動きである。また、〝メンバーシップ型〟雇用により、海外だと低水準の給与しかもらえない仕事をしている人が、クリエイティブな仕事をしている他の同期入社の社員と同水準の給与を受け取っているため、新たにクリエイティブクラスを獲得するための原資を捻出しづらいという事情もある。

表に、筆者がまとめたクリエイティブクラスとノンクリエイティブクラスの対比を掲載したが、日本企業においては、プロジェクトの区画や実行の核となる「クリエイティブプロフェッショナル」要員を社内で確保しつつ、「スーパークリエイティブコア」や不足する「クリエイティブプロフェッショナル」を社外（コンサルティングなど）で確保するという形が現実的なアプローチであると考える。近年増加しているコンサルティングファームとのDXに関する戦略的提携や合弁会社設立はこの流れの一形態である。

アメとムチの外的誘因はかえってクリエイティビティを阻害する

日本では生産性向上（に加えて人件費抑制）のために、成果主義型の人事制度を導入していることが多いが、本節冒頭で述べたように、クリエイティブな仕事をさせてイノベーションを起こすためには、成果主義がマイナスに働くことが多いケースはあまり知られていない。

紀元前の『管子』の「衣食足りて礼節を知る」という名言からも、マズローの「自己実現論（欲求階層説とも）」における高次の〝自己実現欲求〟を満たす前提として、十分な社会的生活を送ることができる低次欲求の達成が求められていることからも、社会一般から見て十分な報酬を与えられていることは必要である。

しかしながら生活に困らない報酬を得ている者に対して、報酬をモチベーションの源泉にすることは、イノベーションにおいて有効な誘因にならないどころか、マイナスの影響を与えることが多いことがさまざまな研究により分かってきた。

これまでも、経営層や優秀なビジネスマンの間では、〝優秀な人間は給料ではなくやりがいで働く〟という、緩やかなコンセンサスは存在していた。一般的に、外発的報酬を求める人ほど〝外部＝上長の評価〟が必要になるため、実績のみならずその過程に対する自己ＰＲ（やっていますＰＲ）が強く、逆に内発的報酬を求める人は経営層や評価者側から働きかけないと明らかな実績すら控えめに自己評価シートに記載したり、評価面談で申告したりする傾向が強い。

筆者自身、クリエイティブクラスであるコンサルタントの中途採用の事業部側責任者として、延べ数百名の面接、約50名の採用を行ってきた。そこで明らかになったのは、給与やポジションなどの外発的報酬を重視する候補者は、やりがいなどの内発的報酬を重視する候補者と比べて、入社してからの〝パフォーマンスの平均が低い〟、〝努力や協調よりも批判する傾向が強い〟ことであり、さらに明確、かつ、深刻な差として表れたのは〝成果物の独創性やクリエイティビティが低く、端的に言うとつまらない成果物を作る〟ということだった。

２００９年にＤ・ピンクが著書『Drive: The Surprising Truth About What Motivates Us』で提唱した「Motivation3.0」において、クリエイティブワークに関しては「Motivation2.0」と彼が呼んだ外発的報酬や外発的動機（Carrots and Sticks：アメとムチ）による誘引は成果に対

図3-5

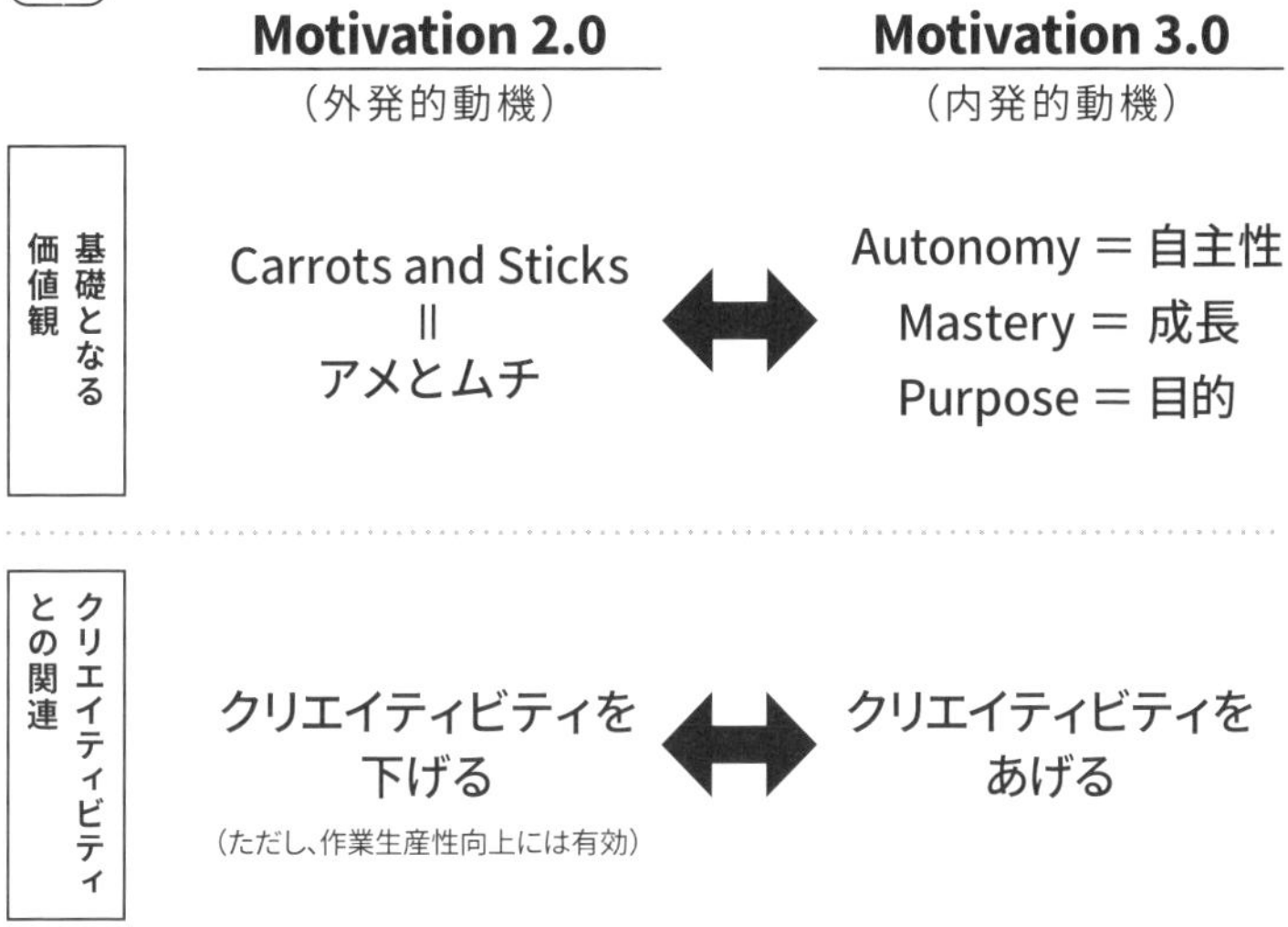

『モチベーション3.0』（D・ピンク）より著者作成

してネガティブに働くことを指摘した。拡散思考で進めるクリエイティブワークにおいては、報酬に目が行き過ぎてしまうと、無駄な横道を排除して最短距離を進もうとして、かえってクリエイティビティを失う。一方で、逆に内発的報酬や内発的動機（①Autonomy：自主性、②Mastery：成長※筆者は探求心と呼んでいる、③Purpose：目的）がクリエイティビティの源泉となるとしている。欧米では、「Motivation2.0」の〝アメとムチ〟が本当に思考の柔軟性を奪うのか、「Motivation3.0」の内発的動機で何をすればクリエイティビティが高まるのか、あるいは、逆に低下するのかなどが学術的な実験により研究されている。

その結果、分かってきたことをいくつかあげると、〝むやみに多くの観点から評価・査定されるとクリエイティビティは低下する

（1つの観点であれば低下しない）〟、〝自分で制御できない要素で評価・査定されるとクリエイティビティは低下する〟などで、日本企業が好む緻密な管理志向の強さをそのまま、クリエイティブなプロジェクトに持ち込むと、かえって成果獲得が遠のく危険性が高い。

筆者の経験だと、ＤＸのＰｏＣを大量に行っていた企業で、なかなかビジネス成果に結びつかなかったが頑張っていたところに、ある時から事業性評価を厳密に要求されるようになることで、プロジェクト参加者達がオープンで柔軟な思考を失って、上から言われたことをこなすサラリーマン思考に急変したことがある。

経営層には、社員の内発的動機と会社のやりたいことを一致させるリーダーシップ発揮が求められる

クリエイティビティを発揮させるためには「Motivation3.0」が重要であることが分かってきた一方で、企業にとって「Motivation3.0」をコントロールすることは難しい。人事評価制度で仕組み化が容易な「Motivation2.0」に対して、「Motivation3.0」の誘引となる内発的動機は直接的なコントロールではなく、間接的な誘導が中心となる。内発的動機の３つの内、企業が「Motivation3.0」をコントロールするために優先的に取り組むべきものは〝Purpose（目的）〟である。一橋大学ＣＦＯ教育研究センター長の伊藤邦雄氏は、「人材版伊藤レポート」で企業理念や企業の存在意義（パーパス）は経営戦略のコアであると言い切っている。

なぜかと言うと、企業のやろうとしていることと、社員が実現したいと思うことを、合致まで

いかなくともビジョンの共有などで共感させることができれば、企業にとっての戦略的なプロジェクトは社員にとっても重要なものとなるからだ。その場合には、企業側から逐一指示を出さなくても、目的に対して必要な行動の提案があがってくる。内発的動機が源泉なので、社員は失敗などの多少の評価リスクを冒してでも、会社が期待するような行動を自律的に行う可能性が高い。

逆に一致していなければ、「会社や経営層はああ言っているけど、うちの会社には合っていないよね」などと中間管理職が公然と発言し、忖度が横行し、リスクセンシティブな〝ことなかれ主義〟の受動的な社員が増える。

〝Purpose〟が一致すると、〝Autonomy（自主性）〟で企業の意図を逸脱した独自の行動をとる可能性が大幅に低下するため、安心して権限やリソースを与えることができるし、〝Mastery（成長・探究心）〟で社員が究めたいと思っていることとも一致する可能性が高い。それゆえに少なくとも変革に関わるコアな社員に関しては、企業の求めるものと社員の〝Purpose〟を一致させることが不可欠と言える。

企業と社員の〝Purpose〟を一致させる手段としてよく行われているのは〝経営原則〟や〝行動原則〟、〝コアバリュー〟などの浸透である。もともとは、企業と社員の一体感が日本企業の強みであったはずだが、現在は〝額に入れて壁に飾られている〟だけであったり、〝単なる標語〟になってしまったりしていることも多い。企業が、会社や部門の戦略と個別プロジェクトをきちんと整理してリンクさせ、社内コミュニケーションに十分な労力をかけて社員へ価値観の浸透や一体化を図っているケースは少ないように見受けられる。

一方で、海外の成功している企業は〝コアバリュー〟や〝行動原則〟の浸透を重視しており、極端な例ではAmazonは14個の〝リーダーシッププリンシプル（行動原則）〟に一致している社員しか採用せず、逆に言うと入社したい人はAmazonの〝リーダーシッププリンシプル〟を受け入れて自分のものとしなければならない。また、〝コアバリュー〟の浸透に対して社内コミュニケーションである〝インターナルコミュニケーション〟に力を入れている企業が多い。大企業だと、CiscoやＩＢＭなどには〝インターナルコミュニケーション〟を専門に行う組織がある。また、Gartnerのコンサルティング部門では、四半期ごとにパートナークラス（担当部長クラス）が当該期間の業績を〝コアバリュー〟に照らし合わせて進捗を報告しており、同じく四半期ごとに事業部長から全メンバーへの〝コアバリュー〟を軸にしたコミュニケーションが行われていた。

しかしながら、日本企業においては、現場主義的な〝経営原則〟や〝行動原則〟は比較的維持されているが、戦略・企画に関するものは、伝統的企業ほど形骸化や、いまの自分たちに都合よく解釈して使われていることが多いように見受けられる。

ただし、追い風もあり、ＣＯＶＩＤ－19においてＳＤＧｓ（持続可能な開発目標）に対する資本市場と一般社会双方の意識が高まってきており、日本企業においても、〝経営原則〟、〝行動原則〟、〝ビジョン〟、〝コアバリュー〟の見直しの気運が高まっている。この機会にＳＤＧｓの17のゴールと１６９のターゲットに対する対応だけではなく、伝統的日本企業の創業当初の本来の価値観や意図を見直す良い機会でもある。

日本が本来目指すべき〝ジョブ型〟はクリエイティブクラスをそれ以外から分離すること

話が〝ジョブ型〟に戻るが、企業を変革するための要員を確保することは不可避であり、それを前提に考えると、企業を変革するクリエイティブクラスを特定して、彼らを遇する制度と仕組みを作ることが求められる。一方で、日本の大企業が短期間のうちに完全に〝ジョブ型〟に移行することは、ネガティブインパクトの大きさから現実的ではないと考えている。

クリエイティブクラスに関して具体的には、彼らを獲得・維持するのに必要な給与体系と、釣った魚に餌（報酬）をやり続けて丸々と太って居座られるようにするのではなく、明確なやりがい（Purpose, Autonomy, Mastery）を共有して彼らの人生にとって最高の仕事ができる状況を作り続けることが、いま、日本に求められる〝ジョブ型〟のエコシステム（生態系）だと考える。

なお、筆者自身がクリエイティブクラスで、比較的高給取りの仕事を長く続けているが、自分を含めて自社でいい仕事ができていると感じている人で、少なくともプラス500万円程度、あるいは、給与3割増し程度で転職する人はほとんどいなかった。変革のコア人材＝クリエイティブクラスの獲得にあたっては、報酬に関する制度に力を入れすぎず、入社後の立ち上げや、継続的な「Motivation3.0」のフォローまで含めたトータルの仕組みを考えないと、せっかく大金をかけて獲得した人材が1年もしないうちにいなくなるようなことになりかねない。

第6節　プロデュース機能の整備

多様性から新たなものが生まれる

トップの介入を必要とする課題の最後は、さまざまな所属の、さまざまなタイプの人材を上手く動かしていくことができる人材の確保・育成である。営業部門とＲ＆Ｄ部門、ユーザーと情報システム部門のように、物事に対する考え方が異なり、話す言葉も異なる人たちを、上手くまとめ上げることが必要だが、これをできる人材が自然発生的に生まれる可能性は低い。

これまで述べてきたように、変革プロジェクトの複雑性が増しており、ＡＩやＩｏＴ、カーボンニュートラルなどの先端テクノロジーの要素が含まれることが多くなってきている。それによって計画経済的に先が読めるテーマ以外に、先が読めない独創的なテーマのプロジェクトが増加している。

デジタル化はIndustry4.0、Society5.0などの時代の変わり目にあたっており、デジタルという新たな要素が社会を変容させていくことは必然であるし、非連続なイノベーションを進めるためにはさまざまな分野のタレント（異能者）を巻き込んで、これまでの企業の持っているものとタレントの持つ新しい能力をさながら〝るつぼ〟、あるいは、〝魔女の大釜〟のごとく融合させて化学変化を起こしていく必要がある。

また、そうしたプロジェクトを進めるための体制も変わってきている。１つは、部門横断プロジェクトが一般的になり、５名程度の小規模プロジェクトでもリーダー所属部門のみ、あるいは、リーダー所属部門と情報システム部門ではなく、複数の部門が関わることが増えてきている。もう1つはここ10年ほどで、日本においてもＲ＆Ｄ以外で、大企業の社員とベンチャーの社員が一緒に仕事をしているのが普通の光景になってきた。一方で、そうしたプロジェクトが順調に進んでいるかというと、必ずしもそうではないケースが多く見られる。特に、社内論理優先で、モノカルチャーで育ってきた大企業にとってはハードルが高い。

多様性をまとめ上げて成果に結びつける〝プロデューサー型〟リーダーシップ

一橋大学ＣＦＯ教育研究センター長の伊藤邦雄氏と、その場合にどういう人材が変革に求められるかという議論を持つ機会があった。その中で伊藤氏が強く主張されていたのは「〝俺についてこい型〟の変革リーダーでは今回のケースは立ちゆかない、さまざまなプレイヤーをまとめる〝プロデューサー型〟が必要」ということであった。

それに対して、後述するが、人材が潤沢な企業ですら〝プロデューサー型〟リーダーの人数は限られており、現代におけるプロジェクト型変革を推進するためには、リーダーの個人能力に依存しない状態を作ることが求められる。そのためには、プロジェクトリーダーを助けて〝プロデュース〟を行う体制を、組織機能として整備することが必要である。

図3-6 **プロデューサー機能のイメージ**

変革を〝プロデュース〟することの難しさ

多くの企業において社内だけでは必要なタレントの〝すべては〟確保できない時代になりつつある。そして、これまでは〝外注〟という言葉で暗にチームの外にある存在として取り扱われてきた専門家達を、同じ目的に向かって進むチームのコアメンバーとして迎え入れていく必要がある（ＡＩエンジニア、データサイエンティスト、生体工学デザイナー、キュレーターなど）。

こうした流れの中で、〝プロデューサー〟はプロジェクトの目的を達成するために〝タレント〟とメンバーをプロジェクトチームとして組織化する必要がある。

たとえるならば、〝プロデューサー〟が最高の映画を作るために、監督、俳優、脚本家、作曲家などさまざまな分野において厳選された〝タレント〟とスタッフを集めるようなものである。そして、〝プロデューサー〟は一癖も二癖もあり、お互いの言葉のプロトコルも異なる〝タレント〟とスタッフをまとめ上げて、ゴールまで走らせ続けなければならない。

このような尖ったチームに対して〝俺についてこい型〟が機能しないのは明白であろう。優れたプロデューサーを確保できないとコミュニケーションロスで（1＋1＋1）＜3になり、確保できれば相乗効果で（1＋1＋1）＞3の結果となる。一方で〝俺についてこい型〟が自分の経験則に一致しないものを排除しようとすると（1＋1＋1）＝0となる。

主要なプロジェクトすべてに〝プロデューサー〟能力を持った人材がいればよいが、大企業だと10～30程度の重要プロジェクトが動いていることが多く、それらすべてをまかなうことは困難である。

経営層がリードしてプロデューサー機能を立ち上げる

筆者が関わったいくつかの全社規模の変革では、大小多数のプロジェクトが動いており、社長のやりたいことを短時間で各事業部・各部門に分解して共有し、個性的な部門長の方々の主張を相互に翻訳して、落としどころを見つけて遅滞なく変革を進めるという、プロデューサー的な役割の重要性が高かった。そして、その役割は論理思考に強い者や、ＥＱ（Emotional Intelligence Quotient：心の知能指数）が高い者など5～10名程度のチームによって担われていた。

そのうちの1つは、社員と外部コンサルタントが半々の体制であったが、社員はエース級がアサインされていた。このようなプロジェクトに対する間接部門的なチームにエース級を投入するのは、経営層の大きな決断が求められる。難易度の高いプロジェクトのリーダーやコアメンバーとなり得る人材は、すべて前線であるプロジェクトに投入したくなるものだが、全体をとりまとめる役割の重要性を認識して貴重な人材を割くことによって、全体の成果を高めることができた。一方で、経営層がリードしないと、エース級ではないメンバーがアサインされることが多い。

なお、別のケースでは、ほぼ全員が外部コンサルタントで、チームの半数以上が飛び級昇進をしているエース部隊であったが、筆者はこのパターンは勧めない。なぜなら、コンサルティングファームに頼んだとして、エース級を集めたプロジェクトチームが編成される確率は低いからである。

第7節　「シン・トップダウン経営」は、不確実な時代の勝者となるための経営層の活動が根幹

不確実な時代には、経営層が企業の総力を結集して、プロジェクト型変革の成功を常態化させる

外部環境を見極め、必要な時に、必要な場所に、必要な戦力を送り込むことは、本来の経営層の仕事である。そして、与えられた戦力をもとに柔軟な用兵を行い、作戦（プロジェクト）を成功させるのが、本来の現場の仕事である。

日本企業においては、さまざまなことが〝強すぎる現場主義〟によって現場任せになっており、

デジタル時代への変革期にあたってＤＸやＡＩ、Society5.0、ＳＤＧｓなどの変革テーマを次々と設定する一方で、経営層が本来行うべき仕事、例えば優先順位付け、リソースの選択と集中、社員の意識や組織風土の改革など、が十分になされていなかったことが多かった。

その結果、現場のプロジェクトは、過剰兼務などに陥り、兵站無視の状態で、現有戦力で、孤立無援で戦っているような状態であった。近年はそうした状態が続き、多くの日本企業、特に伝統的大企業においては、深刻な士気の低下と、それに伴う戦闘力（モチベーション、チャレンジ精神、クリエイティビティなど）の低下が発生している。もはや、東京タワー、黒部ダム、新幹線など、世界が驚くような「プロジェクトＸ」を次々と成立させ、世界中を驚愕させた面影は残っていない。

このような状況下で、経営層が最優先すべき課題は、社員を最大活用するために社員の士気を高めることである。なぜ、そこまで言い切れるかというと、第2章で述べたように〝戦略〟の出来不出来よりも、〝作戦〟の実行部分でプロジェクトが成功できないような状態になっているので、素晴らしい〝戦略〟を立案したところで、〝作戦〟の実現性が著しく低く、〝戦略〟の改善だけではほとんど意味をなさないからである。

右に進むか、左に進むかという二者択一の戦略的な意思決定であれば、１つ間違えば企業の存続に影響を与える。しかし、デジタル化、Society5.0、ＳＤＧｓなどに関しては、やる・やらないという二者択一ではなく、やることは不可避でいつ、何を、どこまでやるかという進め方とさじ加減の問題である。そうであれば、精緻な〝戦略〟だが〝作戦〟による実現力が決定的に弱い状態よりも、そこそこの〝戦略〟だが〝作戦〟による実現力が高く、小さな成功を積み重ねて、大きな変革を行うための土壌を育むほうが、多くの日本企業にとって成果に繋がる可能性が高い。

「シン・トップダウン経営」において、経営層がなすべきこと

本章では、プロジェクト型変革を成功させるために経営層が認識し対処すべき重要な課題について、各節において紐解いてきた。最後にもう一度、それぞれの要点についてまとめておく。

1　社員の能力を引き出す環境作り

最も重要なことは、プロジェクトワークをやり遂げるために、社員に対して必要十分な時間を確保することである。固定組織横断、プロジェクト横断で稼働調整を行う必要があり、経営層の各人の利害衝突も発生するため、仕組み作りから安定稼働まで経営層全体の関与が求められる。また、稼働確保に加えて、知識や知恵に関してナビゲーターとなるような社内外の有識者を投入することで、社員は潜在的な能力を発揮し、大きく成長する。

2　リーダーシップ発揮の動機付け

リーダーになりたくないという大きな原因の1つは、中間管理職の兼務や過剰稼働、苦労に見合わない評価であり、経営層がリーダーシップを発揮してこれらの改善を行うことが求められる。また、女性の約8割がリーダーになりたくないことを考慮すると〝女性が働きやすい職場作り〟

図3-7

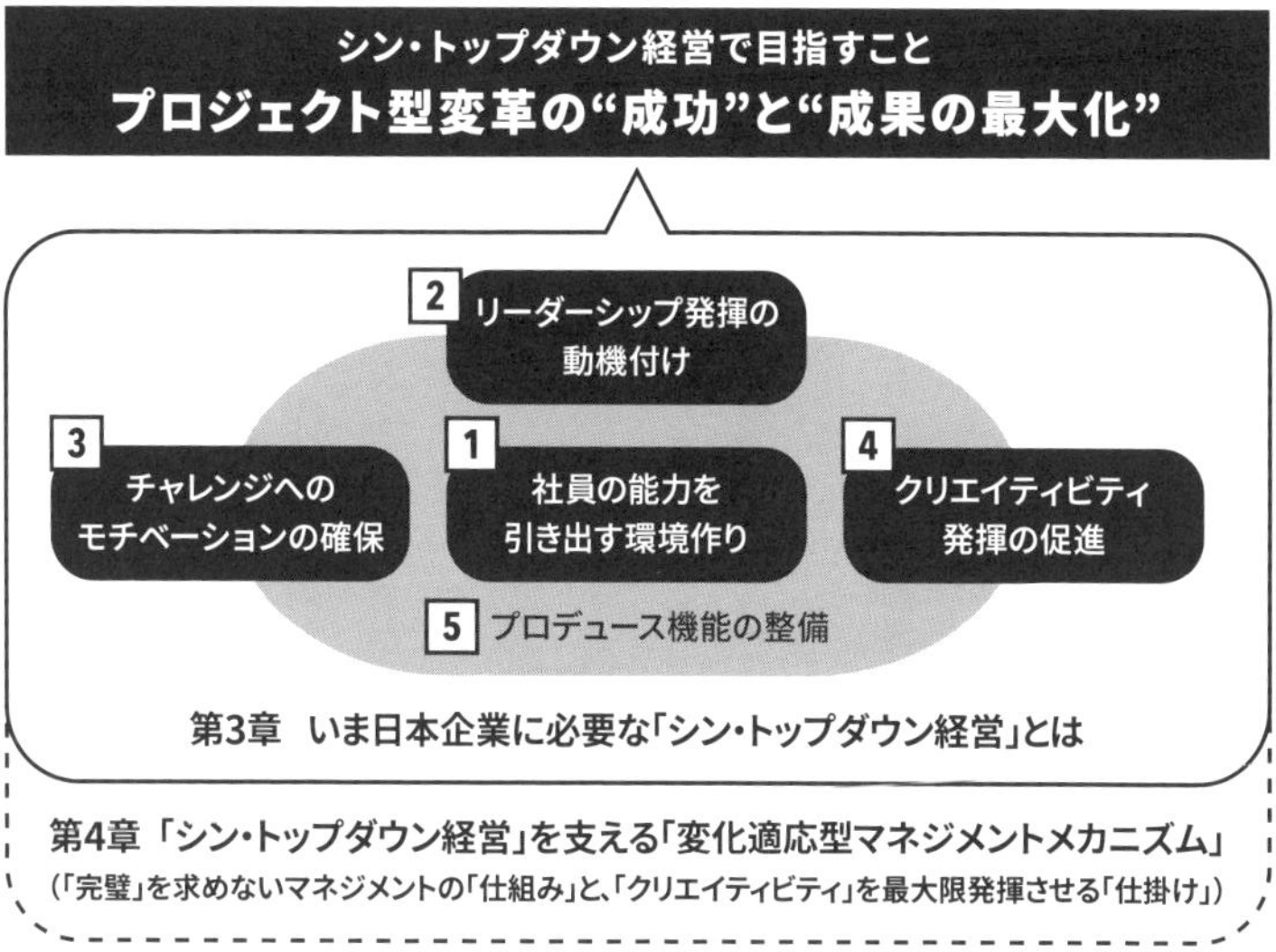

の推進も必要である。

3　チャレンジへのモチベーションの確保

重要なことは、努力しても結果が出ない（EP期待が低い）状況を改善することと、人事評価においてチャレンジしてリスクテイクすることを適切に扱うことである。前者に関しては、経営層がリードして成功事例を作る、成功率を高める外部人材を獲得するなどの手段がある。後者は人事評価制度のチューニングにあたってリスクテイクしていない現業部門の抵抗が予想されるため、経営層が強く関与する必要がある。

4　クリエイティビティ発揮の促進

ここでは、プロジェクト・クリエイティブワークに関してMotivation2.0からMotivation3.0の考え方に移行して成果主義の要素を弱めることと、経営層が先頭に立って〝社員が魅力に感じる会社の目的（Purpose）〟を社員と共有してすり合わせるインターナルコミュニケーションが求められる。

5　プロデュース機能の整備

ここでは、プロジェクトリーダーを支援して、多種多様な人材を共通のゴールに向けてまとめるプロデューサーとして不足している部分を補完するチームの設置が求められる。

こうしてまとめて見てみると、〝経営層がなすべきこと〟の観点はさまざまだが、具体的なアクションや実行後の状態という意味では5つに通底して求められているポイントがあることに気づく。筆者なりの言葉で言い当てるとすれば、それは「仕組みとして完璧を求めすぎないこと」と「クリエイティビティ誘発の必要性」の2つである。

「シン・トップマネジメント経営」のベースとなる人間を動かして〝プロジェクト型変革〟を成功させるマネジメントメカニズムは、この2つのポイントに沿って設計される。それが次のエコシステムである。次章では、この2つについて解き明かしていく。

I　〝完璧〟を求めないマネジメントの〝仕組み〟

〝プロジェクト型変革〟を進めていくためには、プロジェクト横断で運営するプロセス＝〝仕組み〟が必要である。しかし、会社が〝完璧〟であることを求めようとすると、制度やルールでがんじがらめになってしまい、柔軟性や俊敏性を損なうことになってしまう。そうならない〝仕組み〟を整備する必要がある。

Ⅱ　〝クリエイティビティ〟を最大限発揮させる〝仕掛け〟

個人やプロジェクトチームに〝クリエイティビティ〟を発揮させることを制度やルールなどで確実化する手段は見つかっていない。〝クリエイティビティ〟を発揮することの阻害要因を排除しつつ、〝クリエイティビティ〟を向上させる確率を高めるさまざまな打ち手＝〝仕掛け〟を整備する必要がある。

第4章

「シン・トップダウン経営」を支える「変化適応型マネジメントメカニズム」

第1節　「シン・トップダウン経営」を支える マネジメントメカニズムの考え方

〝プロジェクトを上手く動かすこと〟と〝実行するヒトを上手く動かすこと〟が両輪

プロジェクト型変革を〝成功〟に導き、その〝成果を最大化〟するには、トップの関与を強化する必要があるとすでに述べた。そして、それを実現するのが、本書で掲げている「シン・トップダウン経営」であり、マネジメントメカニズムとしてその鍵を握るのが、第3章でも述べた2つのエコシステム（生態系）である。1つ目は、不確実性のもとで、〝プロジェクトを上手く動かす〟ための、「〝完璧〟を求めないマネジメントの〝仕組み〟（メカニズムⅠ）」であり、2つ目は、イノベーションを生み出す〝クリエイティビティ〟を確保するための「〝クリエイティビティ〟を最大限発揮させる〝仕掛け〟（メカニズムⅡ）」である。これら2つを合わせて、「変化適応型マネジメントメカニズム」と呼ぶ。

「メカニズムⅠ　〝完璧〟を求めないマネジメントの〝仕組み〟」は業務プロセスとして整備すべきタイプのエコシステムである。ここでは、〝予測の精度〟×〝取り組みの成功率〟×〝取り組みの回転率〟を最大化することで、〝時間当たり（期間当たり）の成果〟の最大化を目指す。これは、プロジェクトの選定・優先順位付け〜資金や要員リソースの配置〜状況変化に基づく変更や改廃の一連のプロセスの再構築と、経営層の意思決定への関与の強化が中心になる。

図4-1　シン・トップダウン経営を支える「変化適応型マネジメントメカニズム」

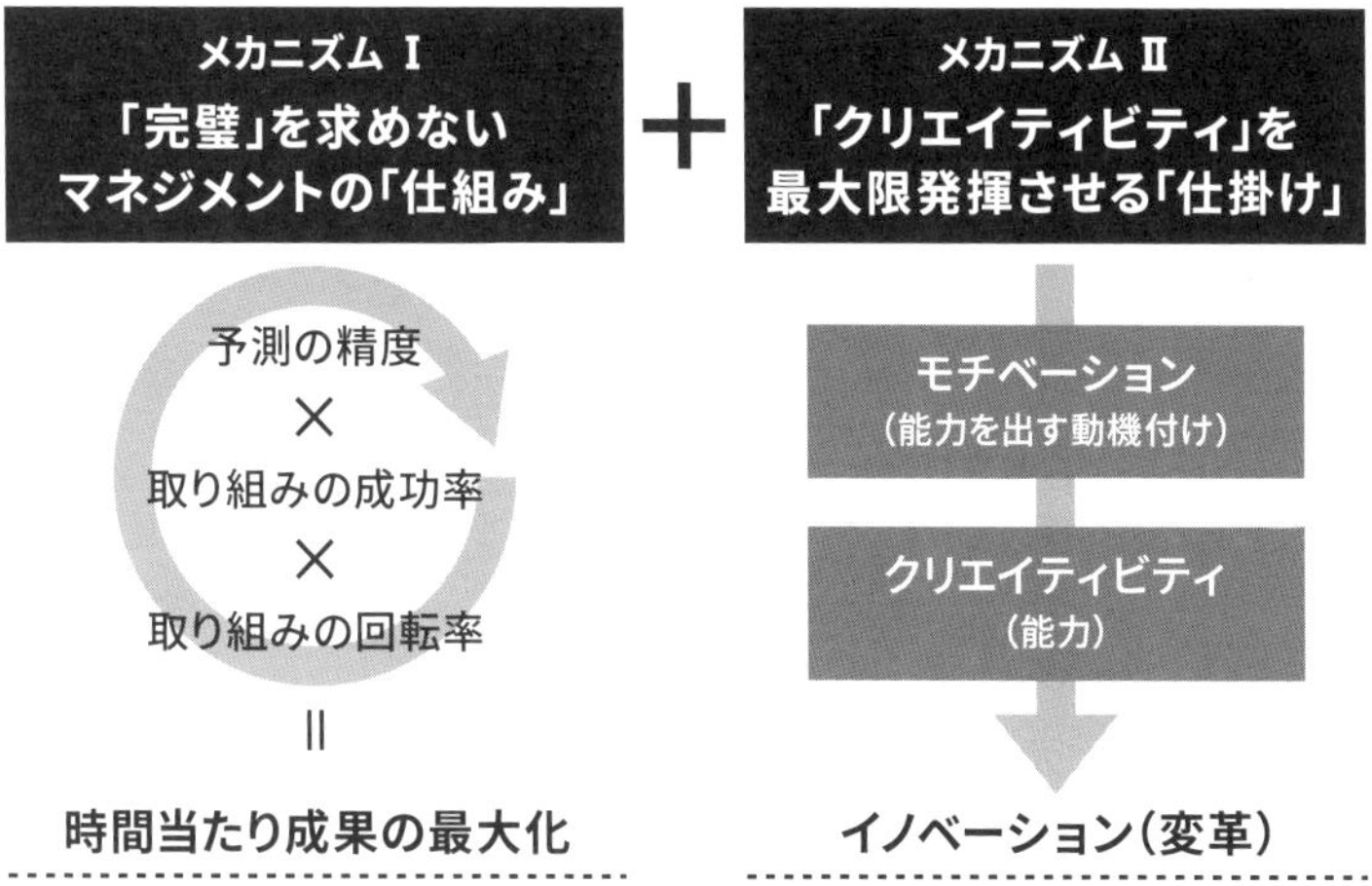

「メカニズムⅡ〝クリエイティビティ〟を最大限発揮させる〝仕掛け〟」はさまざまな取り組み（〝仕掛け〟）を組み合わせることによって、〝クリエイティビティ〟が発揮される確率をあげるタイプのエコシステムである。ここでは、組織全体の〝モチベーション〟を高めつつ、プロジェクト参画者に〝クリエイティビティ〟を発揮させることで、現状の延長線上にない〝イノベーション〟を起こすことを目指す。これは、人事評価制度の変更や、経営層によるプロジェクトへの直接・間接的な支援、職場環境の改善などさまざまな施策の集合体となる。その中で優先されるべきは、プロジェクトの〝モチベーション〟や〝クリエイティビティ〟を低下させる要因の軽減である。

　これら2つのエコシステムは、相互に依存し合っており、メカニズムⅡのクリエイティビティ向上策が何もできていない状態で、メカニズムⅠのプロセス整備を行っても成果はあまりあがらない。日本企業においては、イノベーションのためにメカニズムⅡに関して散発的な施策を打っている企業が多く見受けられるが、メカニズムⅠと連動させている企業はあまり見受けられない。

第2節　「メカニズムⅠ　〝完璧〟を求めないマネジメントの〝仕組み〟」の前提＝不確実性の高い時代

不確実性や変化を前提に経営を行う必然性

企業マネジメントメカニズムの観点から見て、日本企業がデジタル化などの急激な変革に対応しきれていない大きな原因の1つは、日本の企業運営に深く根付いたＰＤＣＡ（Plan, Do, Check, Action）サイクルが上手く機能していないことにある。もう少し噛み砕くと、日本企業が発展する過程において、属人的なリーダーシップから、仕組みやプロセスによる制御（Control）や統制（Governance）に転換するために築いてきた数々の仕組みが、風化したり、機能不全を起こしたり、仕組み間の齟齬を発生させたりしているケースが多いことにある。具体例としては、一括意思決定の稟議プロセス、当初の計画を〝正〟としたプランＢ（代替案）の存在しない経営会議報告などがそれにあたる。

ＰＤＣＡサイクル自体は現在も有効な考え方であるが、不確実性が高く、変化が大きい時代においては、柔軟性の高い運営が求められる。そのための仕組み（マネジメントメカニズム）は従来の硬直化、あるいは、形骸化したＰＤＣＡのための仕組みがそのまま使えないことが多い。この節では、「〝完璧〟を求めないマネジメントの〝仕組み〟」を理解する前提となる不確実な時代（ＶＵＣＡ）と、ＶＵＣＡとともに語られることが多いＯＯＤＡループとＰＤＣＡサイクルとの関係について考えてみたい。

不確実な時代（VUCA）における変革の特徴

近年、不確実性の高まる時代を表す言葉として〝ＶＵＣＡ（ブーカ）〟という単語が一般的になりつつある。〝ＶＵＣＡ〟とは、Volatility（変動性）、Uncertainty（不確実性）、Complexity（複雑性）、Ambiguity（曖昧性）の頭文字を示しており、状況変化の速度や内容などが事前に〝十分な確信〟を持って対処できない状況を示している。

〝ＶＵＣＡ〟は、もともと、１９９０年代から使われ始めた軍事用語であったが、２０１０年代になってビジネスの世界でも一般的な用語となった。

従来の戦争は統率された国と国によって構造化された軍隊によって行われたため、ある程度の不確実性下においても、ビジネスの世界と同様に、戦略や作戦に基づいて〝敵国の首都を占領する〟、〝敵軍の主力を撃破する〟などの目的や目標を達成するという計画立案型のアプローチが一般的であった。しかしながら１９９０年代以降のアルカイーダに代表されるような明確な指揮命令系統がなく、構造化された軍隊ではない相手と戦うにあたっては、明確で固定的な目的を実現するための戦略や作戦に基づく目的の達成が困難になったことから、新たなアプローチを求められるようになった。

先ほど〝十分な確信〟を持ってという言い方をしたのは、将来の着地点の可能性の幅が広すぎるため、すべての可能性に準備することは現実的ではないからだ。また、正解の当たりをつけて、ぶれることなく邁進することができないことを示している。

その結果、従来の進め方である計画立案型のＰＤＣＡサイクル（Plan：計画、Do：実行、Check：確認、Action：対処）だけでは、急激な変化や極端な不確実性下でのマネジメントが困難となってきた。そのため、状況対応型のＯＯＤＡループ（Observe：観察、Orient：情勢への適応、Decide：意思決定、Act：行動）が着目されるようになり、ビジネスの世界にも浸透してきている。

実は、かつての日本企業の現場はＯＯＤＡループを無意識に実行していた。顧客や現場の状況に合わせて、最適な対応を自律的に考えて実行していた。一方で、各拠点や個人ごとに〝特別ルール〟が乱立して、その時・その場では良いことでも、内部統制を進める上で、会社全体としてはガバナンスが利かない、ＩＴによる自動化を進める上で、〝特別ルール〟が多いと複雑で開発・運用コストの高いＩＴシステムとなることなどから、一部の接客業などを除いてＯＯＤＡループは下火になった。

そして、近年、再び脚光を浴びているのは、デジタル時代になって、ＰＤＣＡサイクルで変革を行おうとした時に、毎日のように予想外の事態や新たな発見が発生するためだ。それでも、当初の計画（Plan）通りに実行（Do）したとすると、顧客ニーズや環境変化に適応していない価値の低い取り組みとなってしまう。

最近だと〝アベノマスク〟が良い例だろう。安倍首相が布マスクの全家庭への配布を発表してから具体的な計画に落とし込む段階で、すでにマスク自体の供給量には目処がついており、それを一部の人々が何百枚も買い占めて、国民に行き渡っていないことが問題であることは分かっていた。ＯＯＤＡループが機能していれば計画途中で当初プランを廃棄して、台湾などが行ったように小売店の在庫可視化や購入者の分散などの施策に変わっていたはずである。

このような事象は、企業においても珍しくない。誰もが「もう時機を逸してしまい、存在意義を失った」と考えているプロジェクトが、一度稟議を通っているので、一段落つくまでは止めたくないという心理が働いて連綿と実行されていることは多い。さらに、ＩＴの世界では近年、トライアル＆エラーを繰り返してスピーディーにＩＴシステムを開発するアジャイル開発が話題に上ることが多いが、アジャイル開発はＯＯＤＡループの考え方をベースにしている。

ＰＤＣＡサイクルは、計画立案を開始時点にしており、当事者が主体的・能動的にやるべきことを決めて、それに対して実行し、補正をかけていくというものであり、プロジェクトの完遂や事業立ち上げなど、比較的タイムスパンが長く、規模の大きい取り組みの意思決定やマネジメントに適している。

ＯＯＤＡループは、外部環境の観察を開始時点にして、それに対する状況判断をもとに意思決定していくという、当事者が客体的・受動的に適切な判断を繰り返して、結果的に優位性を確立していくものである。基本的には変化する状況に対して適応するという行動のため、タイムスパンが長く、規模の大きい取り組みのマネジメントには向かない。

ＯＯＤＡループは、もともと朝鮮戦争時のコンマ1秒単位で目まぐるしく状況が変化するジェット戦闘機同士の空中戦で、どのようにして瞬間的に最適な行動を選択するのかを研究した結果、抽出されたアプローチであり、ある程度の長期間を対象とするＰＤＣＡサイクルとは、単純にどちらが優れているか、どちらを選択するかという比較を行うものではない。

ＯＯＤＡループはあくまでも、自分達の仕事に影響を与える要素に対してタイムリーに実行すべきものであり、限られた時間の中で実行可能な最適解を求めるものである。ＰＤＣＡのＣ（チェック）とＡ（アクション）のように、それなりの手間と時間をかけてスケジュールやリソースといったプロジェクトの計画に対する重要な変更が正当であるかどうかの証明をするような、高い精度が求められるものではない。ビジネスにおけるＯＯＤＡサイクルは事象が発生してから即時、あるいは、数日中に判断を下すべきものであり、最長でも週次サイクルで回す必要がある。柔軟な対応に定評があるヤマト運輸のセールスドライバーなどの定常業務においては、さまざまな環境変化に対して無意識のうちにＯＯＤＡサイクルを回しているように見受けられる。その一方で、権限の弱さ、失敗に対する萎縮などの理由により、非定型業務であるプロジェクトワークにおいては定常業務で見せたような柔軟性や即応力が、あまり見られない。

実際にできているケースは少ないし、経営層が目にする機会もほとんどないが、激しい環境変化の中で上手く回しているプロジェクトではＯＯＤＡループという言葉を使わなくても、同様のことをデイリーや隔日のリーダー会議において実行している。具体的には、プロジェクトに影響を与える要因について、短時間でプロジェクト全体の利益を目指した忌憚のない議論を行い、仮の対策を決定する。そして、次回まで影響要因が消失するか、仮の対策が功を奏するかを見て、いずれにも当てはまらない場合は解決するまで新たな対策を協議・実行するというループを回している。

逆の視点から見ると、月次～四半期に一度実施されるＰＤＣＡサイクルだけでは、大幅に、かつ、急激に変わる環境に対応するには有効な手段となり得ない。プロジェクト現場を中心とし、一部経営層も含めたＯＯＤＡループとＰＤＣＡサイクルとの共存が望ましい姿である。

ＰＤＣＡの強化が答えではない。かえって状況を悪化させる

前述のように世の中の変化が激しくなり、日本企業においても経営層が変化をとらえて適切なアクションをとることを目指すことが多くなっている。そのための手段として、多くの企業でＰＤＣＡの強化を目指す動きが強くなっている。頻度が高い企業では、月次で10を超える主要なプロジェクトに関して、経営層が中心となってＰＤＣＡ会議が開催されているところもある。

ＰＤＣＡサイクルの運用の肝は、精度の高いチェックとアクションによって、重大な課題の特定を行い実効性のある打ち手を策定すること。そしてそれをいかに実行して短期間で改善に至るかにある。しかしながら、日常的にプロジェクトに関与していない経営層が月に1回、10以上のプロジェクトの報告とチェック、アクションの討議を行うことだけで、これを実現することはあ

まり現実的ではない。ありがちなのは、表面的なレビューになってしまい、その結果として課題の重要度や致命性は低いが目立つものがやり玉にあがり、本当に経営層が思い切った意思決定を求められるような重大な問題は、あたかも癌のように水面下で目立たずに病巣を広げてしまうことである。

また、プロジェクト側でもプロジェクトリーダーとそれを支援するコアメンバーが、毎月、ＰＤＣＡの会議のために資料を作成し、宿題事項があればそれに対応して結果報告を行う必要があるため、プロジェクトキーパーソンの工数がプロジェクト推進以外のために消費されていることも多い。

これらのことは決して誇張ではなく、一度経営層に目をつけられたプロジェクト、特に戦略性が高いもの、投資額が大きいものについて、実際に多くの日本の大企業で頻繁に発生している。

筆者は、変化に対応するために、安易に経営層によるＰＤＣＡの中途半端な密度向上や頻度向上などのアプローチをとることは過ちであると考える。かなりの工数を要するチェックとアクションを、無原則に高頻度で行うということは、いわば間接業務を増やすのと同じで、かえってプロジェクト成果を生み出すための工数を奪うことになる。

経営層と現場のＰＤＣＡの役割を分ける

ではどうすればよいのか。やるべきは、①主に経営層が主導するＰＤＣＡサイクル、②現場が主導するＰＤＣＡサイクル、③現場におけるＯＯＤＡループを連携させる、ハイブリッドなプロ

図4-2　**PDCAサイクルとOODAループの比率**（イメージ）

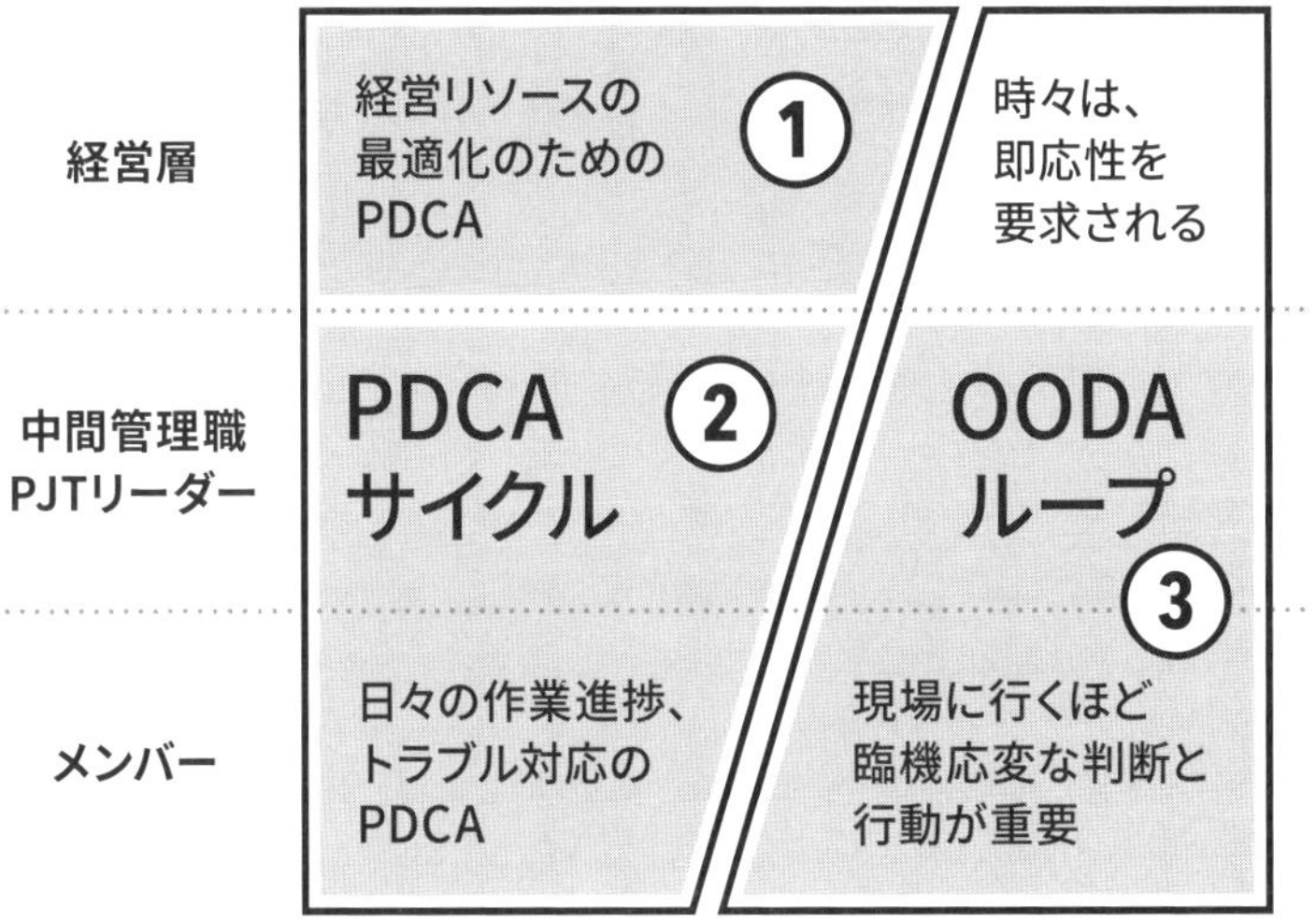

ジェクトマネジメントのエコシステムの構築である。

①と②で「経営層主導」と「現場主導」のＰＤＣＡを分けているのには意味がある。経営層が行うべきＰＤＣＡサイクルの多くはプロジェクト停止や縮小などの思い切った決断が問われる。一方、現場主導のＰＤＣＡサイクルでは、プロジェクトのメンバーが責任を持って行うべき実務レベルの判断が求められる。それを一緒にせず明確に分けることによって、経営層は、時間を浪費せずに、優先度の高い意思決定を行えるようになる。また、プロジェクトの現場で対処できることは現場のメンバーと必要最小限の利害関係者だけで対処するようにすることで、関係者全体の工数肥大化を防ぐ狙いもある。

プロジェクトは、通常、ある程度の不慮の事態に備えたバッファー（余裕）を持ってスケジュールを組むものであるが、問題が発生した時に、問題解決以外のことをやるほどのバッファーは入れていない。現場で対処すべき問題の解決に役立たない関係者（経営層を含む）に関しては〝報告〟にとどめ、問題の状況が解明できていない状態で過剰介入を発生させないようにすべきである。一方で、問題解決の見込みが乏しい時には、解決できなかった時の対処に関する判断ができる経営層などに早期に〝エスカレーション〟することが必要になる。〝報告〟と〝エスカレーション〟のバランスについては、筆者の経験だと自力解決の可能性が3分の2を切る時には〝エスカレーション〟を検討し始めるべきだと考える。自力解決の可能性が半分しかない状況で、代替案とエスカレーションの準備もなされていないのは、リスクマネジメントの観点からは論外である。

　簡単に書いているが、この解決方法が成立するための条件として、経営層と現場（プロジェクト）の役割が明確になっており、双方に信頼関係が構築されており、変更に対して過酷な責任追及が行われないというコンセンサスがとれていることがある。もちろん、顧客情報漏洩などの社会的にオープンになったことについては、誰かが責任をとらなければならないが、社内の変革活動で努力を怠ったわけでもないのに上手くいかなかったリーダーに責任を負わせることは疑問である。昔は社内の出世競争が激しく、減点がつくことに対して非常に神経質なこともあったが、いまの時代に変革のリーダーやコアメンバーとなれる人材を一度や二度の失敗で外すのは会社にとっての損失である。このようなことをしていると、現場で起きた事象に対して時間をかけて上長の判断を仰がないと対応が決められなくなり、②のＰＤＣＡサイクルが形式的だが大きな工数がかかるものとなり、集中力がＰＤＣＡサイクル対応のほうに偏ってしまい、③の現場におけるＯＯＤＡループが回らなくなってしまう。

筆者自身、Gartnerにいた頃は、自分が最終責任をとらなければならないコンサルティングプロジェクトを多い時で２００個程度、少ない時でも１００個以上持っていたが、責任の所在に関しては、いつも２つのルールをチームに明示していた。

１つは、リスクを隠すか重過失で見逃した場合は、プロジェクトにおいて発生した問題の責任は現場の当人がとる。そうでなければ上長である筆者も連帯責任を負う。

もう１つは、ビジネスマナーや倫理に反しないことであれば、良くしようとして現場が実行して逆効果になったことについて、一切現場の責任を追及しない。ただし、ビジネスマナーや倫理に反したことについては、現場の当人が責任をとるというものであった。

この前提には、「多数のプロジェクトがあると、確率論的に過失や裏目に出ることは必ず発生する。責任をとらせることよりも、それを責めて、現場が萎縮することのほうがよほど会社の変革や成長に良くない」という会社の組織風土があったから、有効に機能した。実際、筆者は統括パートナーになってから5年間、部下の起こしたプロジェクトトラブルについて時々、ジャパンヘッドやグローバルの取締役に報告したが、トータルで結果を出している限り、会社から責められたことは一度もなかった。

経営層が変化や失敗を受け入れることがスタート地点

プロジェクトや現場が状況に合わせて臨機応変に行動し、かつ、リスクや失敗を隠さない組織にするためには、まず、経営層が変化が発生することを前提とし、変化に適応することが当然であるという認識を持つことである。近年、組織ぐるみの隠蔽が増加傾向にある。自動車、医薬品、製鉄などさまざまな業種で発生しているが、その多くは現場の末端が隠蔽しているのではなく、工場長や品質管理部長などの現場責任者クラスが隠蔽を指示していることが多い。

現場責任者にとっては、会社人生の致命傷になるという恐怖、無理な要求を達成できないことに対するプレッシャーなどが、決して低くはないはずの職務倫理に勝ってしまっている。これまで、日本企業は圧倒的な品質や信頼性を強みとしていたため、ノーミスが当たり前という、海外から見ると異常な感覚であったが、デジタル時代は既存の圧倒的な品質や信頼性を担保することが不可能だし、完璧を目指すための労力があるならば、より多くの取り組みにチャレンジすべきである。

第3節 「メカニズムI 〝完璧〟を求めないマネジメントの〝仕組み〟」の概要

目指すは、時間当たりのプロジェクト成果の最大化

不確実性が高い現代において〝プロジェクト成果の総和〟を最大化させるためには、プロジェ

クトを成功させるための努力を行うことは当然として、成果をあげる見込みがないプロジェクトを廃して別のプロジェクトに入れ替える、あるいは、プロジェクトの規模や期間の補正を行うといったプロジェクトリソースの回転率の向上が不可欠となる。

そのためにまず必要となるのは〝予測の精度〟で、プロジェクト企画時だけでなくプロジェクト実行途中においても、そのプロジェクトが最終的に、どのような過程をたどって、どのような形や状態に落ち着き、それが自社にとって投資する価値があるかどうかを適切に〝予測〟することである。筆者はこれまで不確実性に関して、未来を〝予測〟しきることは不可能であることや、〝正解〟があるのかどうかも分からないことを述べてきた。ここで言う〝予測〟は企画者や経営層のクリエイティビティを駆使した未来の可能性の想像である。

少なくとも不確実性の高いプロジェクトにおいては、日本企業の設備投資やＩＴ投資でよく使われているＮＰＶ法（正味現在価値法）やＩＲＲ法（内部収益率法）などでは、計算のために必要なパラメーターに関して、説得力のある確からしい値を求めることが困難である。

そういう状況のもとで意思決定を行うには、第2章で述べたように複数のオプションを持つシナリオベースの段階的な意思決定が必要となる。それによって、プロジェクトの進行段階に合わせた適切な意思決定を行うことが可能になる。

また、一度スタートしたプロジェクトについて〝予測の精度〟のアップデートを行うことが重要である。そのまま続けて完遂することが可能か、最終的にどの程度の価値を生み出すかの判断を行うためには、プロジェクトにおいてＯＯＤＡループが機能しており、プロジェクト内部で処理しきれない大きな変更要素について、経営層に対して、責任追及や人事評価などの身の危険を感じることなく正直に報告することが求められる。また、経営層においては、プロジェクトが適切に推進された結果として発生した変更要求については、虚心坦懐に受け入れることが求められる。

次に必要となるのが〝取り組みの成功率〟であり、これは〝予測の精度〟を高めるために成功に至る過程を想像することが大前提となる。『孫子』に「彼を知り己を知れば、百戦あやうからず」という言葉があるが、そのあとは「彼を知らずして己を知れば、一勝一負す」と続いている。これから取り組む相手（目的やタスク、市場環境など）を理解しなければ、プロジェクトの成否は博打になるということである。実際のビジネスにおいては、時間の制約がある中で、できる限りの見通しを立てるということになる。プロジェクトのフェーズにもよるが、シナリオ、作業タスクの論理フロー、ゴールイメージくらいはないと、勝算が全く見えず、意思決定することができない。

そこまでできると、次はプロジェクト実行に必要なリソース（ヒト、モノ、カネ）について見積もることが可能になり、社内に不足しているリソースも特定することができる。その一方で、優秀な人材は取り合いになる可能性が高いし、不足している人材能力を１００％調達できないこともあるし、予算面で満額回答できないこともある。ここでの意思決定は機械的に判断できるものではなく、成功率が多少下がっても必要な能力に足りていないリーダーに任せるのか、要員リソースがぎりぎり足りない状態でもリスクを承知で進めるのかという難しい判断を行う必要がある。ただし、前節でも述べたように、明らかに成功率が著しく低いものは、種まきの初期投資などの例外を除いて、行ってはならない。

最後に〝取り組みの回転率〟であるが、プロジェクトの入れ替えや変更、プロジェクト内の人材の再配置を行うことで、有限のリソースを無駄遣いせず、遊ばせておかないようにすることで、成果の最大化を行うことが可能になる。ここで、経営層が思い切った意思決定を行うために、〝予測の精度〟でも述べたプロジェクトにおけるＯＯＤＡループの実行と適切なエスカレーションが重要となる。従来型のＰＤＣＡではPlanに対する遅延や齟齬のCheckは定期的に行われているが、「このままでは、プロジェクトが遅延する」、あるいは、「プロジェクトの効果が十分に得られない」と判断するタイミングは遅くなりがちである。なぜなら、Planは厳守すべきものであり、Checkで識別された遅延や齟齬に関して、まずはPlan通りにリカバリーすることに力を入れることになる。一方、ＯＯＤＡループの場合はPlanを厳守すべきものとみなしていないので、Plan自体を見直す必要があることも素直に抽出することができるからである。

なお、大規模なＩＴシステム開発などの長期大規模プロジェクトにおいて、優秀な人材が上手くいっていないプロジェクトに張り付き状態（通称〝塩漬け〟）になっているケースをよく見かけるが〝取り組みの回転率〟の観点からすると、非常に大きな問題である。優秀な人材を投入しても上手くいかないプロジェクトであれば、廃止してしまうか、システム開発などでやめるわけにはいかない場合は、人材を入れ替えて、優秀な人材は成果を生み出す可能性が高いプロジェクトに投入するほうが最終的な成果は大きくなる。優秀な人材がプロジェクトの瓦解を防いでおり、

図4-3

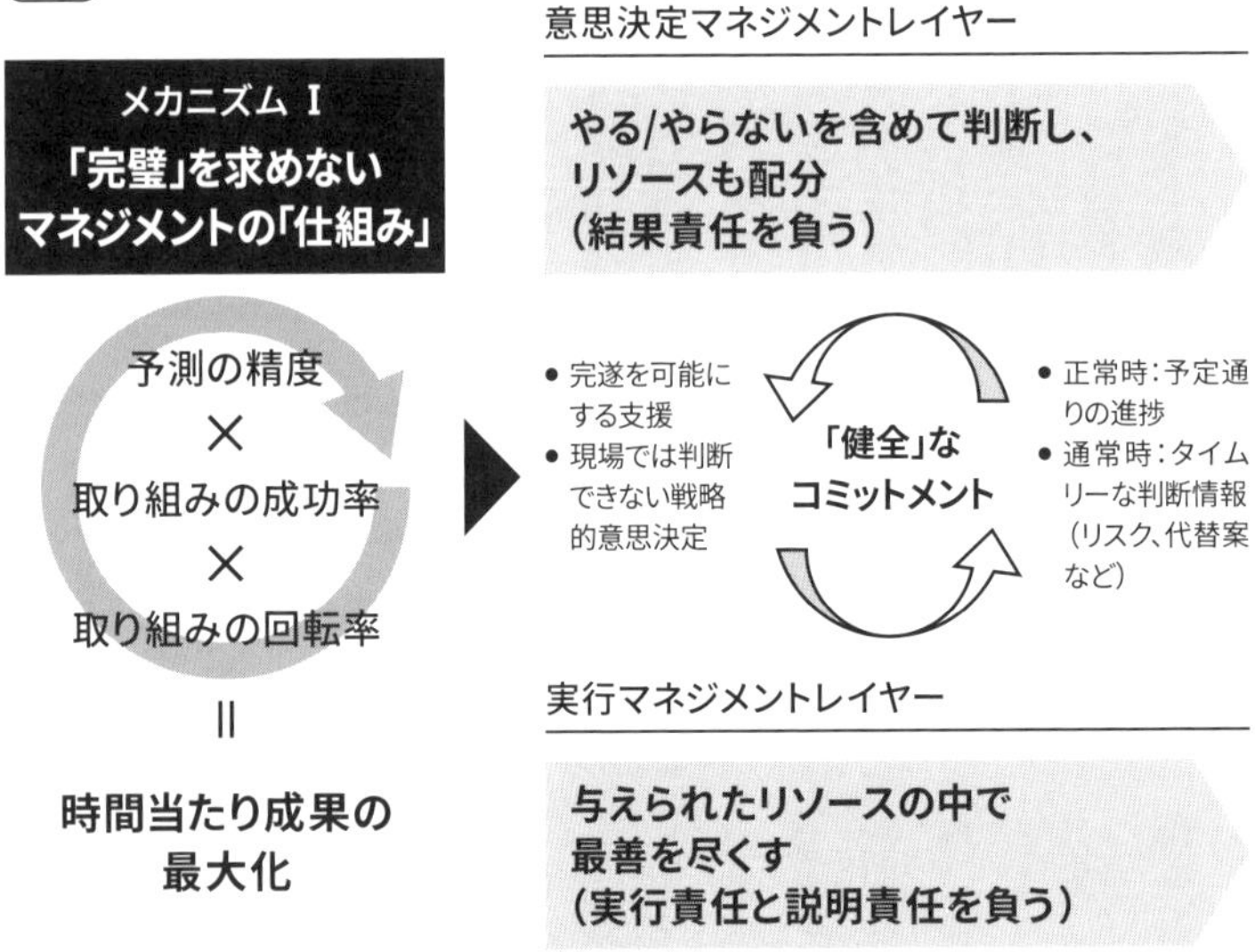

その人が抜けたら終わりというケースは例外だが、優秀な人材を投入しても良くならないプロジェクトは、普通の人に入れ替えても、少し悪化する程度ですむことが多い。

〝意思決定マネジメントレイヤー〟と〝実行マネジメントレイヤー〟の業務変革

では、「予測の精度」と「取り組みの成功率」「取り組みの回転率」の掛け算からなる、「完璧を求めないマネジメント」を実際の業務における「意思決定マネジメントレイヤー」と「実行マネジメントレイヤー」に落とし込むとどうなるか。

双方の役割と相互の関係性については、図4－3の右側のようになる。そして、この関係性の中で、それぞれのレイヤーは図4－4のような業務プロセスを踏むことになる。

図4-4
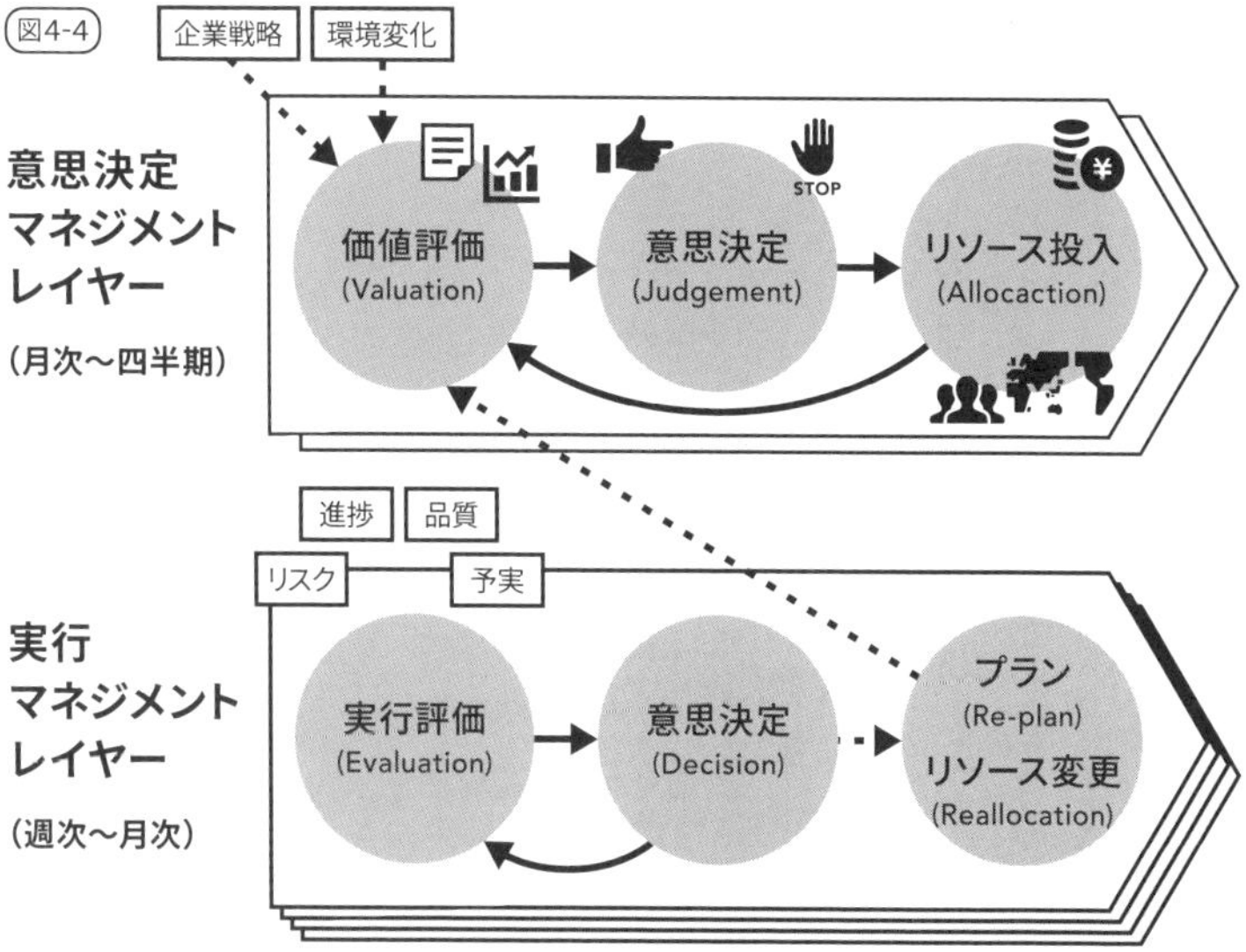

〝意思決定マネジメントレイヤー〟の概要

〝意思決定マネジメントレイヤー〟は全社レベル、あるいは、部門レベルで配下のすべてのプロジェクトを統括する立場の経営層がオーナーシップを持つべき役割である。ここでは、多数のプロジェクトをポートフォリオ管理などの手段を活用して優先順位付けし、開始・変更・中止などの判断と、必要なリソースの配分を行う。企業戦略立案そのものは、ここには含まれない。本書で取り扱うのは、戦略を実現するためのマネジメント手法である。

まず、〝意思決定マネジメントレイヤー〟の各ステップについて解説する。

価値評価（Valuation）

企業戦略や市場など環境要因を考慮して、戦略を実現するための取り組み（プロジェクト、プロジェクトの集まりであるプログラム。以降両者合わせてプロジェクトと呼ぶ）に関して価値を評価する。そのためには、前述したように投資すべき内容である、プロジェクトのタスクの概要やスケジュール、必要リソース（ヒト、モノ、カネ）などが明確になっている必要がある。また、プロジェクトの効果に関しては、業務改善やITによる自動化などのROIが予測できるプロジェクトがある一方で、新規性の高いDXプロジェクトなど、やってみなければ分からないものも混在しており、投資を検討すべきプロジェクトをいくつかのグループに分けて評価を行うことが海外先進企業では一般的である。また、それぞれのグループごとに予算枠を分けることが多い。

日本企業に関しては、不確実性が高いプロジェクトもそうでないものも、一貫してROIやNPV（Net Present Value：正味現在価値）で評価することが多い。そのため、辻褄合わせの〝鉛筆をなめて作る〟プランが多い。また、必要なリソースに関しても特に要員リソースについては入手の当てがない状態で人数や名前だけあげていることが多い。

意思決定（Judgement）

価値評価（Valuation）されたプロジェクトについて、開始可否や途中での拡大・変更・縮小・廃止などの意思決定を行う。後述するが、ここでの意思決定はルールベースで機械的に行うDecision ではなく、経営層の経験や教養に基づくJudgement である。Valuation の最後に、スコアリングされたプロジェクトの一覧やポートフォリオ、ROIなどが意思決定のインプットとして用意されるが、必ずしも、スコアが高い、ＲＯＩが高いプロジェクトが承認されるわけではない。これらは、仮説や予測ベースの意思決定の目安に過ぎず、最終的には経営層のJudgementが求められる。

日本企業では企画とValuationの精度が低いことが多いため、経営層が判断を行うことが難しく、予算の範囲内で稟議にあがった順に承認することも珍しくない。また、逆に経営層の想いだけで投資判断が行われることもある。経営層が英知を結集してJudgementを実行できる状態を作ることが求められる。

リソース投入（Allocation）

実行すべきプロジェクトに対して、必要なリソース（特にヒトとカネ）を配置する。カネについては、期中のローリングも含めて予算管理プロセスが確立されているので大きな問題はない。問題はヒトのアサインであり、プロジェクトの企画立案時点で、稼働負荷の確認や関連部門との調整も行われていない。さらに、部門横断プロジェクト組織の人材管理、特に期中アサインと兼務メンバーに関しては、人事部を含めてどの部門でも行われていない場合が多い。日本企業のプロジェクトが開始時点から失敗が決まっている原因の１つだ。

ここでの各プロセスは一括承認型ではなく、前述したように段階的・継続的に行うことになる。そのためには多くの日本企業で、稟議プロセスやルールの大幅な見直しが必要になる可能性が高い。また、プロジェクトと既存組織を合わせたトータルでの個人レベルのリソースマネジメントが必要となる。これらを短期間で一気呵成に変えることは難易度が高いし、失敗した時の組織風土を悪化させるリスクも大きい。そのため、すべての稟議や要員リソースマネジメントのプロセスや仕組みを一度に変えるのではなく、戦略的に重要なプロジェクトとそれに携わる要員から、段階的に変更していくことが現実的であろう。

優先順位付けに関しては、各社各様と思われる。例えば、経営センスの鋭いＣＥＯがいる場合はプロジェクトの実行性の評価さえ正しく行われていればＣＥＯが恣意的に決めてしまうこともあり得るし、声の大きな人の意見が通りがちな状況であれば、客観性を強化するために経営層が共通認識を醸成するためにプロジェクト投資ポートフォリオを作成することもある。

なお、不確実性が高いプロジェクトに関しては〝意思決定マネジメントレイヤー〟が〝結果責任〟を負うべきである。プロジェクトに〝結果責任〟を持たせようとすると、プロジェクトリーダーがコントロールできず、プロジェクトリーダーの責に帰さない理由で成果が出ない可能性があり、それが評価に結びつけられてしまう。その場合、プロジェクトリーダーをはじめとしたプロジェクト全体のモチベーションが低下し、クリエイティビティも損なわれ、成功率が低下することになる。不確実性が高いプロジェクトの持つべき責任は、やるべきことをきちんとやるという〝実行責任〟で十分である。

また、別の観点から見ると、経営層がすべてのプロジェクトの〝結果責任〟を、現場の組織やプロジェクトに持たせようとすると、〝下からあがってきた案を承認した〟という意識が強くなり、経営層が本来果たすべき戦略的な方向性提示や意思決定に関して、自分ごととらえなくなってしまう危険性がある。前述したように、経営層自身が、自分達が責任を持って進めることを避ける雰囲気になっていることを問題視する企業もある。

〝実行マネジメントレイヤー〟の概要

〝実行マネジメントレイヤー〟は、主にプロジェクトや、プロジェクトを束ねたプログラムが担う領域である。ここでは、プロジェクトの目的に向かって、社外を含むプロジェクトメンバーを率いて、必要なタスクを実行し、ＱＣＤ（品質、コスト、納期）を守ってプロジェクトを完遂し、目標として成果を得ることを行う。成果は、工場建設やＩＴシステム開発であれば、期待通りのモノができあがることであるし、営業改革や業務効率化であれば、目標として設定した指標（ＫＰＩ：Key Performance Indicator）の達成で実現される。

実行評価（Evaluation）

プロジェクトの進捗状況やリスクなどについて、定常的にチェックして、課題管理などを行う。いわゆるプロジェクトマネジメントのプロセスである。大規模プロジェクトに関するプロジェクトマネジメントの手法が確立されているが、ＤＸやアジャイル開発に関してはまだ途上である。また、プロジェクトマネジメントの要員リソースが不足しているなどにより、適切にEvaluationが行われていないことも多い。なお、外部パートナーを使う時に信頼関係が確立されていないと、遅延や不祥事が発生することがある。

意思決定（Decision）

1つ目の役割は、プロジェクトの進捗状況やリスクなどに基づいて、タスクの組み換えや、チームリソースの配置変更など、プロジェクトリーダーの権限内での対処に対する意思決定を行うこと。2つ目の役割は、スコープ変更やスケジュール変更、予算追加などのプロジェクトリーダーの権限内で対処できない要素を、経営層にエスカレーションすることを意思決定すること。日本企業においては、現場責任の意識が強く、エスカレーションの意思決定は、どうしようもなくなってから行われることが多い。

プラン・リソース変更（Re-plan/Reallocation）

プロジェクトリーダーの権限内で対処できないエスカレーションを行った時に、プロジェクトの変更・見直し・廃止などを、経営層と連携して実行するプロセス。経営層にとっては、早期にこのプロセスを実行することで、プロジェクトの最適化や、トラブルなどによる被害の拡大の極小化を行うために重要なプロセスとなる。このプロセスは、必要なプロセスとして定義しておくことである。

ほとんどのプロジェクトで、必要なタスクを実行していく中で、ちょっとしたスケジュール遅延や、品質問題などが頻発するが、これらの状況把握と問題への対処などのプロジェクトマネジメントは、基本的には〝実行マネジメントレイヤー〟で行う。

ただし、プロジェクトの手に負えないような可能性（筆者の経験だと自力解決率3分の2を下回るあたり）が高まってくると、プロジェクト内で処理できず、プロジェクト内容の変更などの必要性が視野に入ってくるため、〝意思決定マネジメントレイヤー〟に対するエスカレーションを行う必要がある。しかしながら、第2章で述べたように、日本企業においてはエスカレーション＝現場の失敗＝人事評価で大きなマイナスという不文律がある会社が多いため、自力解決率が0％になるまでエスカレーションしないことも珍しくない。しかし、経営層にとっては、手遅れになってからエスカレーションされたのでは、貴重な時間と人材を無駄に費やした上に、新しいチャレンジを行う機会損失も加わり、〝時間当たりのプロジェクト成果の最大化を目指す〟という観点からは非常にダメージが大きい。そういう状況を回避するためには、早い段階でエスカレーションに対する恐怖心を和らげて、報告を促進させることが必要となる。

過ちに対する寛容性が、組織の変革力を支える

人間は過ちを犯すものであり、たくさんのプロジェクトが動いている状態であれば、常にどこかで過ちの1つや2つは起きている。プロジェクトにおいて、1つの過ちが即座に致命的な結果をもたらすことは少ない。重要な交渉や選択においては一度の過ちによってプロジェクトが水泡に帰すこともあるが、多くの場合は誤った状態のままプロジェクトを前に進めていくことで被害

が拡大し、致命的な水準に達する。

また、過ちはそれをとがめるよりも、早期に是正するほうが、短期的にも中長期的にも効果的である。一度の過ちによって成否が決まるような重大な局面で、過ちを犯さないようにしたいのであれば、経営層が直接関与し、専門家の支援を受けることなどで、自らの責任で過ちを回避するべきである。もし、経営層が明確に責任を負うようなことであれば、できる限りの手を打つであろうが、現場に一任している場合に同様な手を打つだけのリソースを与えているだろうか。「現有戦力で何とかしろ」となっているのが実態ではないだろうか。過ちに不寛容な組織は、リスクテイクやチャレンジをしなくなる。

ただし、明らかな怠慢などの重過失、コンプライアンス違反などに関しては厳しく接する必要がある。法律で言うところの〝善管注意義務〟、つまり、多少の過失はあっても一般的に考えてなすべきことをなした要員に関しては、罰則を課すのではなく、次に役立つ教育的指導を行うべきである。重過失やコンプライアンス違反などに対する厳しい対応と、真面目に仕事をした要員に対する寛容度のメリハリがないと、組織の緩みに繋がる。

〝意思決定マネジメントレイヤー〟の意思決定は、ディシジョンではなくジャッジメント

意思決定を英語にすると〝Decision〟、意思決定することは〝Decision Making〟になる。〝Decision〟は、主に論理的に情報を整理すれば正解にたどりつくような意思決定である。不確実性の時代においては、論理的な〝Decision〟に偏重するのではなく、経営層の経験や教養に基

図4-5　**Decision Tree**

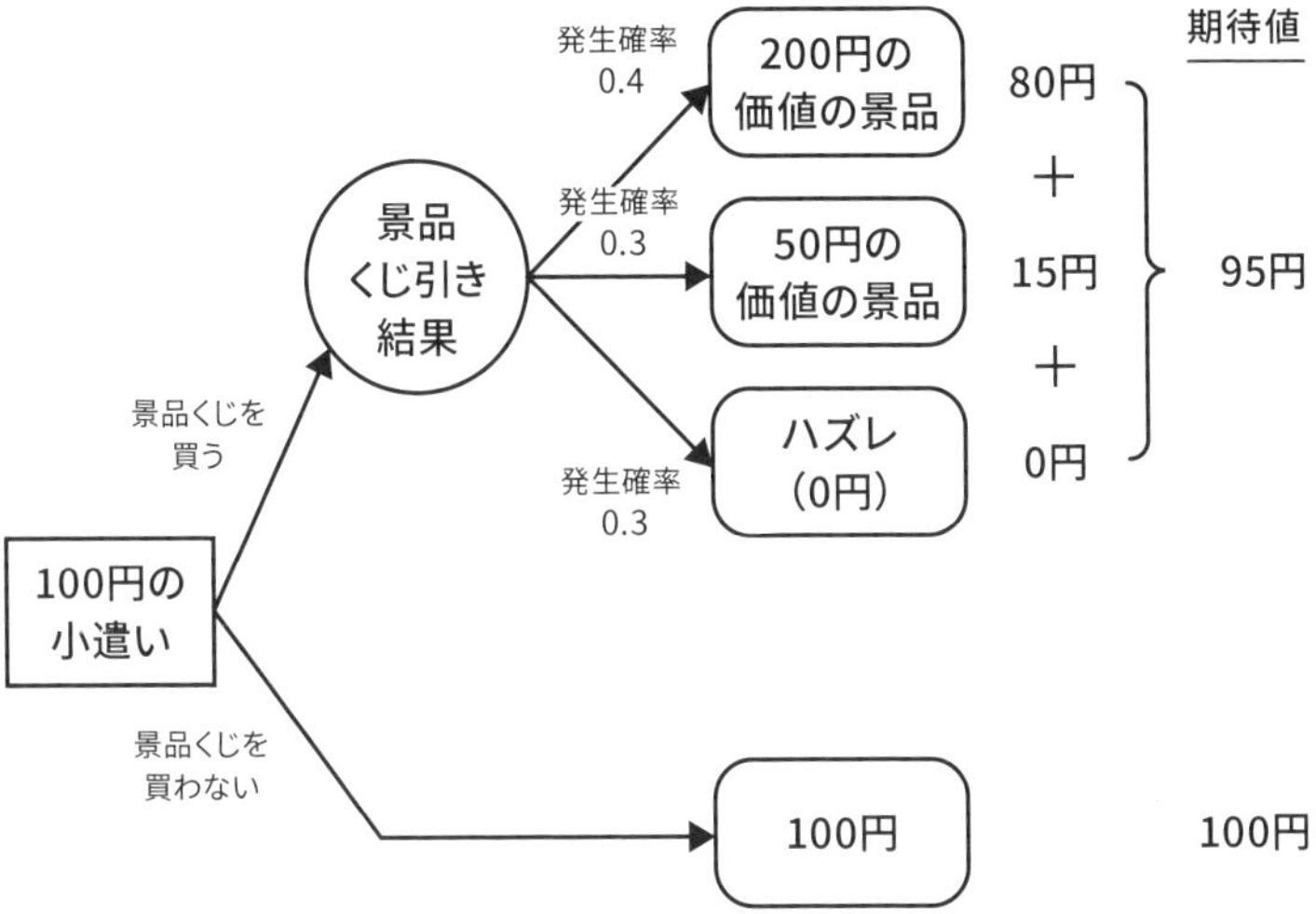

づく〝主観的〟で、必ずしも〝論理的〟に説明しきれない判断＝〝Judgement〟も重要になってくる。

ＭＢＡで教わる基本的な手法で、コンサルタントも日常的に使っているものに〝Decision Tree〟（意思決定ツリー、決定木とも言う）がある。〝Decision Tree〟は〝Decision〟の結果発生する事象の分岐の精度が高い状況であれば、正しい意思決定を行うことができる。例えば、１００円を入れると、40％の確率で２００円の価値がある景品が出てきて、30％の確率で50円の価値のある景品、30％の確率で何も出てこない景品くじ引きの場合の意思決定ツリーは図４－５になる。

また、図４－５にもあるように、景品くじ引きを買った時のリターンの期待値は以下のように計算される。

100円の投資に対する期待値＝（40％×200円＋30％×50円＋30％×0円）＝95円

お祭りの景品であれば悪くない期待値だが、ビジネスのDecisionだと普通は否決されるだろう。〝Decision Tree〟を使うことにより、経験値が蓄積されており、最新の情報も獲得できている状態であれば、おおむね確からしい意思決定を行うことができる。

〝Decision Tree〟をコンピュータープログラムにすれば、ＩＴシステムが自動的に〝Decision〟を行うことができる。実際に、簡単なものだと各種申請のエラー条件チェック、複雑なものだとクレジットカードの不正使用の自動検知など、さまざまなＩＴシステムにおいて、自動的に問題の有無を識別したり、許可・不許可の意思決定を行ったりしていることは多い。将来的には学習できるＡＩが大半の〝Decision〟を、人間よりも正確に行うようになる可能性が高い。

一方で、不確実性の時代においては、このような論理的な情報分析に基づく〝Decision〟だけでは、成果を得ることが難しくなってきている。一橋大学大学院の野中郁次郎名誉教授は従来型の意思決定である〝Decision〟に対して、経営層には判断＝〝Judgement〟が求められると主張している。

『企業経営において「Decision」よりも「Judgement」が問われる時代になっています。決定を下すことを意味するDecisionに対して、Judgementは自分の価値観に基づいて判断することです。ある経営判断が求められる場面に遭遇した際、ビジネススクールで勉強した経験があれば最善と分析できる解は出せる。しかし、これはDecisionです。過去の事例をベースにしたものにすぎず、実際の状況を踏まえたものとは限らない。
経営者に必要なのはJudgementであり、それには周囲との関係性を正しく読むことが求められます。前提となるのは経験と教養ですが、今の日本の経営者には教養が不足していると言わざるを得ません。深い教養を身につけたリーダーの養成が課題です。』
『日経ビジネス』（２０１０年10月４日号、株式会社日経ＢＰ、Ｐ１）

〝Judgement〟は経営層の経験と教養に基づいて、周囲との関係性を正しく読むことで、正しい判断を行うことができると考えられている。筆者も、論理的な〝Decision〟に依存しすぎると、新しいことや変革においては失敗することが少なくないと考えている。

筆者自身、これまで多くの企業やコンサルティング会社が作成した新規事業戦略や変革戦略を目にしてきたが、〝論理的には正しいが、実戦経験からくる直感によると間違っている〟ものが少なくなかった。それは、将来に対する〝読み〟が楽観的すぎたり、環境分析の〝視野〟が狭かったりすることで、〝目論見通りにいかないだろう〟と直感的に感じたためである。また、〝ニッチ〟や〝キラー〟な尖ったアイデアが選択肢にあがってくる可能性も低い。イノベーティブなアイデアは〝Decision Tree〟では出てこないことが多いように思う。

経営層が〝Judgement〟を行わない場合は、現場が気づいていないビジネスチャンスがあっても、それに気づかない、誤った意思決定を行う、逆に、必要な意思決定を行わない可能性が出てくる。

筆者が「意思決定マネジメントレイヤー」に関して、プロジェクトのポートフォリオ管理について強調していないのは、〝Decision〟ベースのポートフォリオは、全体像を俯瞰的に見て判断するために必要なものであるが、ポートフォリオだけで意思決定を行ってほしくないからである。ポートフォリオだけで意思決定ができるのであれば、経営層は自ら考えて会社の未来を作る役割ではなく、単なる部門間のリソース調整機関になってしまう。

〝意思決定マネジメントレイヤー〟で即効性が高いリソースマネジメント

これまで、プロジェクト実行にあたって、必要十分な要員リソースの能力や人数について見積もりが行われない、あるいは、見積もりはしても必要な要員リソースが実際には投入されていないケースが多いことについて述べてきた。いわば、〝勝算〟がない戦いを強いられてきたプロジェクトが多く存在しており、それらがことごとく失敗に終わっていることは当然とも言える。

そうした状況であれば、必要十分な要員リソースを投入するだけで、プロジェクトの成功率は跳ね上がる。極めて単純な話であり、〝本気になって〟実行さえすれば確実に効果が出るアクションであるが、この問題点を認識しているにもかかわらず、実行に踏み切る企業は少ない。

過剰プロジェクトや過剰兼務による変革活動の機能不全に陥っている企業は、多くの場合、経営層の意識が高く、自社にとって益になる先進的な取り組みに次々と手をつける一方で、既存のプロジェクトを減らすことはしていない。よく言われる〝選択と集中〟ができていない状態になっている。この場合、プロジェクトの数が増加しても、プロジェクト要員、特にリーダーやキーパーソンクラスの追加投入は、既存プロジェクトで使い切っているため望めない。そのため、兼務が増えて、1プロジェクトにかける稼働が低下し、さらに限界を超えた処理量によりクリエイティビティが低下して、本来の能力が発揮できなくなる。しかしながら、経営層と話をしても、「どれも必要なプロジェクトなので止めるわけにはいかない」という結論になることが何度もあった。

状況を単純化して整理すると、〝やりたいことに全部手を出して、どれも中途半端に終わらせる〟か、〝やりたいことを絞り込んで、確実に成果を得る〟かの2択になる。そう考えると本来であれば、現実的な選択肢は後者になるはずである。

しかしながら、後者を選択できていない大きな理由は、経営層やプロジェクトリーダーの所属する組織長などが、要員リソース不足によってもたらされるリスクへの認識が低いことと、プロジェクトにおける要員稼働実態を正確に把握していないことにある。

また、誰が可視化をして、要員リソースマネジメントを行うのかとなると、現行組織では、それを担うのに適切な組織がないことが多い。部門横断のため個々の部門長だけでは把握できず、人事部は労務管理で稼働実績を把握することはあっても〝本来必要だった工数〟や〝仕事の質〟を把握する役割は持たず、経営層は主要プロジェクトの稼働状況を管理するほど暇ではない。

こうした事態を回避するには、経営層直下でプロジェクトに関わるメンバーに関して、プロジェクトワークと固定組織の現業の稼働負荷状況を可視化し、関係するプロジェクトや現業部門との調整を行って、過負荷の状態を解消するチームが必要である。評価制度や労務の観点から人事部が参画する必要はあるが、人事部がプロジェクト（および、そのバックにいる役員）とハードな調整を日常的に行うことは難しい。

〝本気になって〟という言葉を使ったのはそのためである。少なくともプロジェクトに参画する要員に関するリソースマネジメントを行う組織機能を新しく立ち上げなければ、失敗を繰り返すことになる。

メカニズムの成功のカギを握る、2つのレイヤー間の〝健全なコミットメント〟の醸成

本節では、「完璧」を求めない漸進型マネジメントを実現するにあたって、経営層にあたる「意思決定マネジメントレイヤー」と現場・プロジェクトにあたる「実行マネジメントレイヤー」の双方が、仕事の進め方に関する基本的な考え方や業務プロセスの変更が必要であることを述べてきた。それに加えて、重要な要素となるのが、「意思決定マネジメントレイヤー」と「実行マネジメントレイヤー」の間で交わされる〝健全なコミットメント〟である。

〝コミットメント〟とは本来、上長と部下の間で交わされる〝双務的〟な約束であるが、日本では上長が部下に一方的に約束させる言葉になっているように見受けられる。

〝双務的〟な約束と述べているのは、上長は部下に対して会社のリソース（ヒト、モノ、カネ）を委任して、部下は上長に対して預かったリソースに見合った成果創出を約束するということが基本的な考え方であるからである。そのため、成果をあげることができる〝コミットメント〟を

成立させるためには、上長と部下の間で、目標達成の道筋とそれに必要なリソース、および、上長が行うべき部下の支援などが話し合われ、合意形成されている必要がある。

筆者が所属していた外資系企業では、どの企業でも基本的には〝コミットメント〟は部下への一方的な押しつけではなく、部下のパフォーマンスを最大化するために、簡単には達成できない目標を提示しつつも、それを達成するために〝会社として何ができるか〟という上下間の議論が行われていた。

例えば、グローバルのナレッジの活用、海外オフィスからの専門家の招聘、海外の他事業部との連携など、部下の権限では動かせないようなことを、上長は支援策として提示していた。なお、基本的にはという注釈をつけているのは、組織業績の悪化などで上層部全体が追い込まれている時は、一方的な押しつけの〝コミットメント〟になることもあるからである。

基本の話に戻ると、上長は部下の〝コミットメント〟の合計と同じか、それ以上のものを自身の上長に対して〝コミットメント〟を行っているので、部下が〝コミットメント〟を達成できないということは、上長自身の〝コミットメント〟が達成できなくなる確率が高まる。そのため、部下の目標達成が危ういと認識した時には、部下に対して支援を強化するか、その部下のマイナス分はあきらめて自身が追加の価値貢献を行うか、のいずれかを判断することになる。

筆者が経営層のロールモデルの1つだと認識していた上長は、順調に進んでいる時でも頻繁に「君のために、自分が何かできることがないか？」という問いかけをしていた。また、上長と筆者の間で、一度〝コミットメント〟が成立したあとに、それ以上のことを要求する時には、筆者が求める実現条件を満たすように最善の努力を行っていた。一方で、順調に進んでいないリーダーに対しては、リーダーと対策を話し合うだけでなく、独自に支援内容を考えたり、顧客開拓をして直接的な支援を行ったりしていた。個人能力がいくら高くても、経営層個人の力だけでは大きな目標は達成できない。彼は、部下のリーダー達に対して、いかにして、それぞれの能力に基づいた最良の結果を出させるかに腐心していた。

それに比して、日本企業では上長が部下に、高い目標に対する〝コミットメント〟をさせるために組織的な支援を行うという発想があまりないように感じられる。もちろん、個人差はあり、日本企業においても部下のパフォーマンスを最大化するために、でき得る限りの支援を行っている人もたくさん見てきた。しかしながら、会社の仕組みや文化として、全員がそのように行動するよう促しているようには見えない。

〝健全なコミットメント〟は、制度やルールによって作られるのではなく、企業風土、特に部長クラス以上のリーダーシップのあり方によってもたらされる。〝コミットメント〟とは何かを、管理職研修や評価制度説明でしっかりと上長と部下の両方に教育し、かつ、経営層が率先して〝コミットメント〟という言葉を大切に使うことによって、〝健全なコミットメント〟は醸成される。

もし、〝健全なコミットメント〟が組織に定着していれば、そもそも、プロジェクトに必要なリソースが特定されなかったり、リソースがアサインされなかったりが常態化していないはずである。

「はじめに」で紹介したように、ドラッカーは「マネジメントとは組織に成果をあげさせる、道具、機能、機関」と定義しているが、日本企業の経営層や組織長が〝マネジメント〟として行動していない場合が多いのではないか。

変更ありきで、プロジェクトのモチベーションが低下しないのか？

先日、ある大企業の役員と、プロジェクトの改廃を前提とした組織運営を行わなければならないという話をした時に、「プロジェクトが廃止になる可能性があると分かっていたら、プロジェクトリーダー達が『どうせ、中止になるかもしれない』と思って、責任感が弱まって手を抜くのではないか？」という質問を受けた。

局所的な観点から答えるとＹＥＳである。プロジェクトリーダーに、「これは、多分中止になりそうだな」と読み切られたプロジェクトに関しては、コミットメントが低下することは否定できない。

一方で大局的な観点から答えるとＮＯである。それは、プロジェクトの柔軟な変更が行われることによるメリットが、前述のデメリットよりもはるかに大きいからである。プロジェクトの〝柔軟な変更が行われていない〟状態のままでいる場合と、〝柔軟な変更を行っている〟状態とを比較すると、前者は、他のプロジェクトが追加されても最初にやれと言われたプロジェクトは残り続けるので、自分の担当であるという〝形式的な責任感〟は残り続けるが、それを〝完遂し成功させるというコミットメント〟は非常に低い状態になる。

しかし、リソースマネジメントが実行され、かつ、プロジェクトの優先度の変化についての説明がなされていれば、リーダーの担当するプロジェクトの中止や中断に対する納得感が得られる。また、完遂不可能なプロジェクトを山積みされるよりも、はるかに高いモチベーションを獲得でき、無理のない環境の中でクリエイティビティも発揮できるため、成功のイメージを持って新しいプロジェクトに臨むことが可能になる。

もし、中止されたプロジェクトが、環境変化により当初期待していた価値が失われたものであれば、プロジェクトリーダーとしては心情的には残念ではあっても、会社に対する貢献が小さいプロジェクトを続けたいとは思わないだろう。価値が失われたわけではないが優先度（とリソース）の問題であれば、中止ではなく一時中断であり、その時点まで進めたプロジェクト作業の価値がなくなるわけではないので、責任感やモチベーションの大幅な低下にはならない。

第4節　「メカニズムⅡ　〝クリエイティビティ〟を最大限発揮させる〝仕掛け〟」の概要

〝クリエイティビティ〟は人間の持つ新しいものを生み出す可能性

これからの企業は継続的なイノベーション（変革）を行うことができないと成長・存続できない。そして、イノベーションを起こすのは、人間の持つ〝クリエイティビティ〟であり、〝クリエイティビティ〟を発揮するためには新しいことをやりたいという〝モチベーション〟が不可欠である。イノベーションを起こしたい企業は〝モチベーション〟と〝クリエイティビティ〟をマネージしなければならない。

そこに着目したのが変化適応型マネジメントメカニズム「メカニズムⅡ」で行う「〝クリエイティビティ〟を最大限発揮させる〝仕掛け〟」である。

未来にはＡＩがイノベーションを生み出す世の中が来るかもしれないが、現在のところ、イノベーションは人間（生物）にしか生み出すことができない。少なくともいまのＡＩは、ビッグデータ分析や金融業の数理計算などと同様に、イノベーションを生み出す人間の能力を補強するツールや手段にすぎない。

そして、イノベーションの源泉は人間の〝クリエイティビティ〟にある。イノベーションのきっかけとなったのが、実験や自然現象で偶然に起きた事象だとしても、その事象からイノベーションに繋がる〝何か〟を思いついたのは、人間が何らかの形で〝クリエイティビティ〟を発揮したからである。ニュートンが、りんごの落ちる様から万有引力の法則を発見したという逸話のように、〝クリエイティビティ〟を発揮して思考をしている状態にない人達にとっては、りんごが地面に落ちたということは日常的な事象にすぎず、そこから意味を見出すことはない。芸術の世界は分からないが、少なくともビジネスの世界においては、何かをやりたいという〝モチベーション〟による方向付けのない〝クリエイティビティ〟がイノベーションを生み出すことはないと言ってよいだろう。

〝モチベーション〟が低い状態、特にMotivation3.0の内発的動機（Purpose, Autonomy,

図4-6

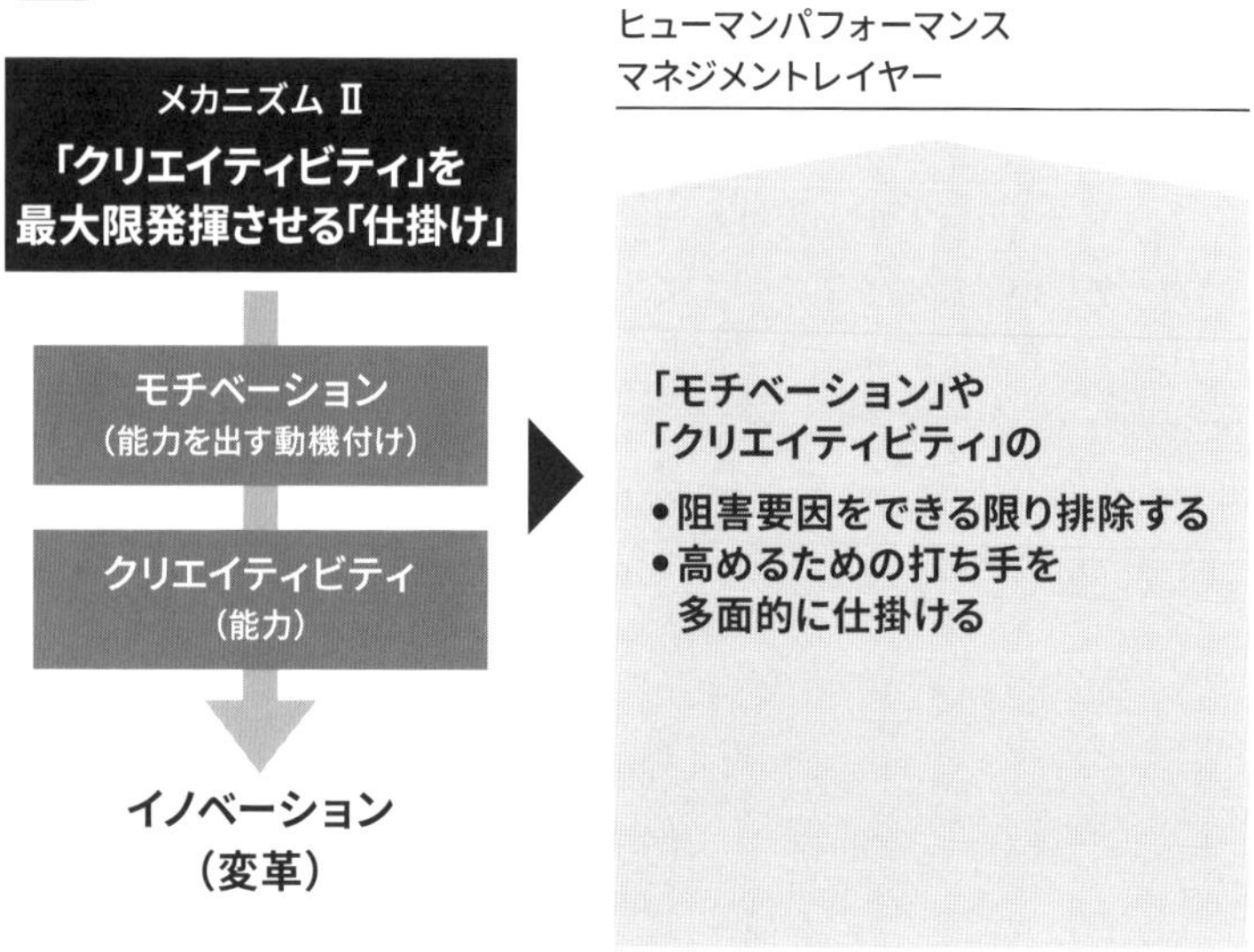

Mastery）が乏しい状態では、〝クリエイティビティ〟は著しく低下して、何も生み出せないと言っても過言ではない。

企業がイノベーションを恒常的に発生させるための取り組みには、2つのアプローチが必要である。

1つ目は日本企業の多くに存在している「社員の〝モチベーション〟と〝クリエイティビティ〟に関するネガティブ要因」を抑制することである。チャレンジャーが不利になる成果主義＋MBOの評価制度や、プロジェクトに対する必要十分なリソースが投入されていないことなどがそれである。プロジェクトの環境やプロジェクトに関係する仕組みをチェックすればネガティブ要因の特定は可能であり、ネガティブ要因に対する対策も明確にしやすい。成果主義＋MBOの場合は、チャレンジングなプロジェクトに従事するメンバーは達成率１００％を目標にするのではなく60～70％を目標にする、成果評価を弱めて行動評価を強めにするなど、プロジェクト向けの例外処理を行うのが現実的な対策になる。全社員を対象とした制度やプロセスを急に変えることはリスクが高い。

２つ目はポジティブ要因を組織的に作り出すことである。ポジティブ要因は、ネガティブ要因とは異なり、課題と解決策（〝仕掛け〟）が１：１の関係で整理することができない。この〝仕掛け〟を導入すれば〝クリエイティブ〟になる、というマジックアンサーがないのである。上手くできている企業を見ると、会社全体として新しいことに取り組む〝モチベーション〟を称揚したり、〝クリエイティビティ〟を発揮させるためのさまざまな〝仕掛け〟を組み合わせたりして、イノベーションを生み出す組織風土と環境を整備している。

例えばGoogleは後述する〝20％ルール〟や〝ＯＫＲ〟などが知られているが、何か〝仕掛け〟を入れればよいというものではない。社員の〝モチベーション〟や〝クリエイティビティ〟に着目した、イノベーティブな組織風土を作る包括的な施策を継続的に打っていくことが求められる。

〝クリエイティビティ〟を下げるのは簡単だが、あげることは難しい

第3章でも述べたが、プロジェクトの成功を信じることができない、つまり〝勝算〟が立っていない状態だと、「期待理論」の「ＥＰ期待」が低い状態のため、〝クリエイティビティ〟のベースになる〝モチベーション〟が著しく低くなる。一方で、日本企業においては、プロジェクト立ち上げ段階で〝勝算〟を高める努力を十分に行っていないことが多い。

また、成果と報酬で動機付けを行うMotivation2.0は〝クリエイティビティ〟に対してネガティブな影響を与えることが分かっているが、プロジェクトに対してもMotivation2.0の成果主義＋ＭＢＯを適用していることが多い。

さらに、さまざまな心理的ストレスが〝クリエイティビティ〟に対してネガティブな影響を与えることが研究から分かってきている。具体的には、複数の観点で〝他者から評価や批評を受けること（Social Evaluation Threat）〟、〝アンコントローラブル〟な要素などである。

企業に当てはめてみると、複数の観点で〝他者から評価や批評を受けること〟に関しては、売上目標とコスト目標の２つのＫＰＩで評価されるほうが、利益目標だけをＫＰＩで評価されるよりも〝クリエイティビティ〟が低下する。また、評価に多くのＫＰＩを組み込んでいる管理志向の強い企業の場合、社員は多数のＫＰＩを達成するために奔走することになり、新しいことを生み出す心理的余裕を奪ってしまい、〝クリエイティビティ〟を低下させることになる。

〝アンコントローラブル〟な要素に関しては、リソース（ヒト、モノ、カネ）について充足していない場合や、それを充足させるための権限がない場合に〝クリエイティビティ〟が低下する。また、経営層や上長がプロジェクトに対して頻繁に要求を出し、プロジェクトリーダーがそれに振り回されるような場合にも〝クリエイティビティ〟が低下する。

このように〝クリエイティビティ〟や、そのベースとなる〝モチベーション〟は非常に繊細で、さまざまな要因によって低下することが明らかになっており、これらの要因が成立すると確実に〝モチベーション〟や〝クリエイティビティ〟が低下する。

ネガティブ要因となりうる、評価制度を始めとした各種社内ルールや組織風土については第2章、第3章で述べてきたが、それらを慎重に評価して、できる限り排除・抑制することが求められる。対処すべきネガティブ要因の一部（十分な要員リソースアサインなど）は、メカニズムⅠのマネジメントプロセスに存在するが、多くはメカニズムⅡで人事・経営制度やコミュニケーション、職場環境などにおいて対処することになる。

一方で、１００％確実に〝モチベーション〟や〝クリエイティビティ〟を高める方法は見つかっていない。とはいっても手がかりがないわけではない。さまざまな〝仕掛け〟が、〝モチベーション〟や〝クリエイティビティ〟に対してポジティブな影響があることは分かっているが、何をどこまでやればよいのかが特定できないのである。そのため自社の状況を俯瞰的に把握し、それに対して有効そうな〝仕掛け〟を多面的に投入して、トライアル＆エラーで自社に合った〝モチベーション〟や〝クリエイティビティ〟向上のエコシステムを構築する必要がある。

実際には、どういう仕掛けが効果があるのか。筆者の経験からも効果があると感じた、よく知られている仕掛けをいくつか紹介する。

〝20%ルール〟

業務時間の１００％を担当業務に費やすのではなく、会社に貢献することに対して、業務時間の一定割合を自由に使ってよいというもの。担当業務外で社員が本当にやりたいことを行うことでイノベーションを促進する。Googleの共同創設者のL・ページ、S・ブリンは、「我が社は社員に、通常のプロジェクトに加えて、Googleに最も利益をもたらすと思うことに仕事の時間の20%を費やすことを奨励しています」という方針を掲げて、GmailやAdSenseなどのサービスが生み出された。

すべての会社のすべての業務において有効とは言えないが、明日のための仕事に１００%の力を投入していては、将来の〝飯の種〟を作る時間が持てない。筆者のいた会社に〝20%ルール〟はなかったが、筆者は時間の20%は短期的な数値目標を追うものではなく、将来に向けた投資テーマに振り向けており、そこで生まれたソリューションが3年で売上2倍になる急成長の原動力となった。

〝ＯＫＲ〟

インテルで初めて導入され、GoogleやFacebookでも使われている目標管理制度。定性的な〝目標（Objectives）〟とそれを実現した状態の定量的な〝主要成果（Key Results）〟の組み合わせで、組織全体のＯＫＲから部門リーダーのＯＫＲ、個人のＯＫＲまで一貫した目標と主要成果を設定する。また、ＯＫＲは必達目標ではなく、60～70%達成できれば成功とみなす。1カ月から3カ月のサイクルでチェックとフィードバックを行う。なお、組織と個人をチャレンジャブルな目標に向かって行動させる手段のため、リスクに過敏になったり萎縮したりする可能性が高まる人事評価とは切り離して行う。

ＯＫＲの良い点は、Motivation3.0のPurposeやMasteryを企業が望む方向性に向けて誘導することができるところにある。ＭＢＯのように１００％達成の目標であれば、企業からのノルマとして〝クリエイティビティ〟を抑制する可能性が高いが、会社と一緒になってチャレンジする目標を設定する場合はその心配はない。

〝ＡＢＷ（Activity Based Working・Office）〟

集中作業をしたい時には個室ブースや自宅、活発な議論を行いたい時は椅子がないテーブルなど、活動（Activity）に合わせて、さまざまなオフィスゾーン（および、リモートワーク）を整えて、最適な職場環境を作るというもの。〝クリエイティブ〟ワークも含め、さまざまなワークの生産性を最大化することが目的。

Activityによって、適した環境は異なる。筆者は20年来、１人でクリエイティブワークをする時には屋外（公園やオフィスビルの中庭）で行うことが多く、決まった作業を一気に進める時にはオフィスの自席で行うことが多い。

ただし、単発の〝仕掛け〟を導入しても体感できる効果が出ないことが多い。成功している企業では、〝クリエイティビティ〟の向上を目的とした、多数の〝仕掛け〟を組み合わせ、目的に向かって継続して行動することで成果をあげている。

世界有数のイノベーションを生み出す企業＝３Ｍの構築してきた人間を動かすシステム（メカニズム）

〝クリエイティビティ〟を向上させる〝仕掛け〟に関しては、Googleなど先進ＩＴ企業の事例が紹介されることが多いが、伝統的な日本企業とは対比できないと思う人も多いだろう。

だが、１９０２年創業の米国の伝統的な製造業の３Ｍであれば共感できるのではないだろうか。

３Ｍは、全売上高のうち5年以内に発売した製品が占める割合を「ＮＰＶＩ（New Product Vitality Index）」と名付けており、２０１５年度は32％であった。３Ｍはポスト・イットで有名だが、接着剤やフィルター、研磨剤などの総合化学メーカーでブランド数は８００以上、製品点数は5万以上ある。そして、これだけの多品種を販売する製造業でありながら、２０１９年の営業利益率（米国会計基準）は19・２％にも達しており、高付加価値の新製品を毎年大量に投入している。

いわば、イノベーションを競争力の源泉としている企業であり、よく知られているように、〝20％ルール〟の元祖と言える〝15％カルチャー〟や会社の設備を自由に使える〝ブートレッギング（密造酒作り＝業務時間外で会社の設備を自由に使う）〟などの公式・非公式のルールを作り、少なくとも70年以上にわたって、社員の自主性を尊重し、クリエイティビティを発揮することを社員に推奨し続けている。

だが、３Ｍの〝仕掛け〟はそれだけではない。イノベーションに強い組織風土を構築するために、「Can RUB システム」という複合的な〝仕掛け〟の集合体を整備している。「Can RUB」というのは「Can Recognize（認識できる）」、「Can Utilize（実行できる）」、「Can Believe（信じることができる）」という3つの頭文字を集めたものである。「Can RUB システム」は以下の10の〝仕掛け〟で構成されている。

「Can Recognize」

1 技術を見える化する仕掛け
2 技術情報の発信を活性化する仕掛け
3 技術の会社への帰属を律する仕掛け

「Can Utilize」

4 自主性の尊重と失敗の許容を奨励する仕掛け
5 自主的行動の自由を与える仕掛け
6 自主的行動を資金でサポートする仕掛け
7 技術の交流を活性化する仕掛け

「Can Believe」

8 自主的行動による成功者を栄誉で称える仕掛け
9 自主的行動による成功者の「失敗から学んだ成功物語」を見える化する仕掛け

10　自主的行動による成功者に進路選択の自由を与える仕掛け
（出典「３Ｍで学んだ脳科学活用マネジメント――３つの『できる』でイノベーション企業文化を育てる」、日経ｘＴＥＣＨ、株式会社日経ＢＰ、２０１７年10月18日）

ここではこれらの仕掛けを１つ１つ説明することはしないが、注目すべきは〝イノベーションに深く関係する人間の本質〟を紐付けて〝仕掛け〟を行い、人間の行動を緩やかではあるが制御しようとしているところである。

この背景には、〝人間の本質〟への洞察がある。人間には、分かち合ったり協力し合ったりしたい、新しいことにチャレンジしたいなど〝ポジティブな本質〟と、おいしいものは独り占めしたい、満たされている状況では変化を好まないなど〝ネガティブな本質〟がある。そのことを理解した上で明確に意識し、それに対処する〝仕掛け〟を導入している。

「ポジティブな人間の本質」

１　分かち合う・協力し合う心を持っている
２　「笑顔」と「名前」にポジティブに反応する
３　「恐れ」と「喜び」の感情が、新しいことに挑戦する力を創出させる
４　信じる心が新しいことに挑戦する勇気を与える

「ネガティブな人間の本質」

1　おいしいものは独り占めしたい欲求を持つ
2　不公平に扱われたと感じると、自分の利益を犠牲にしても相手を罰する
3　満たされている状態では変化を好まない
4　ルール違反に対する罰を与えることは快く感じる

（出典「3Mで学んだ脳科学活用マネジメント——3つの『できる』でイノベーション企業文化を育てる」、日経xTECH、株式会社日経BP、2017年10月18日）

〝仕掛け〟は単発で機能するものではない

3Mの「Can RUB システム」は、大小さまざまな施策によって〝システム〟として整備されているが、会計システム（ITではなく、財務会計や管理会計の仕組み）のように相互関係やプロセスががっちりと決まっているものではなく、さまざまな〝仕掛け〟が互いに緩やかな連携を行い、〝エコシステム〟を形成している。

例えば、どれか1つの〝仕掛け〟を廃止したり、逆に、1つの〝仕掛け〟を新たに導入したからといって、それが直ちに社員の〝モチベーション〟や〝クリエイティビティ〟に大きな影響を与えるわけではない。なぜなら、さまざまな〝仕掛け〟が複雑に絡み合い、1つの〝仕掛け〟が他の多くの〝仕掛け〟と緩やかに連携して、それが組織風土として定着しているからである。

3Mが70年以上かけて検証を繰り返して構築してきたエコシステムは、いわば、自然と共生し

ている日本の古い里山集落のようなもので、さまざまな〝仕掛け〟が渾然一体となって動いている。何もない更地から短期間で作り上げることができるものではない。

〝クリエイティビティ〟を生み出す可能性の高い状態＝「クリエイティビティの雲」

では、いまから手をつける企業においては、手遅れでどうしようもないのかというと、そうでもない。多くの仕掛けを〝適切に〟投入することで、〝クリエイティビティ〟を発揮する可能性を高めることができる。〝適切に〟という言葉を使ったのには2つの意味がある。

1つ目は、多面的な観点で、バランス良く〝仕掛け〟を投入していくことである。その際、重視したいのは3つの観点の組み合わせである。

観点①　社員を正しい方向に誘導する〝人事・経営制度〟
観点②　自身や他社との創発が起こりやすく、抑圧感がなく仕事もやりやすい〝仕事環境〟
観点③　社内外に整合性のとれたメッセージを発信したり、良い結果をあげた人を称揚したり、社内外のメンバーとのネットワークを築くなどの〝コミュニケーション〟

3つの観点の取り組みが相互に少しずつ繋がってくることで、全体的に〝クリエイティビティ〟発生率が高い状態が作られていく。イメージとしては、図4-7のように3つの観点の〝仕掛け〟によって、〝クリエイティビティ〟が生まれる可能性が高い状態が生まれ、その密度が

図4-7　“仕掛け”の3つの観点と、「クリエイティビティの雲」

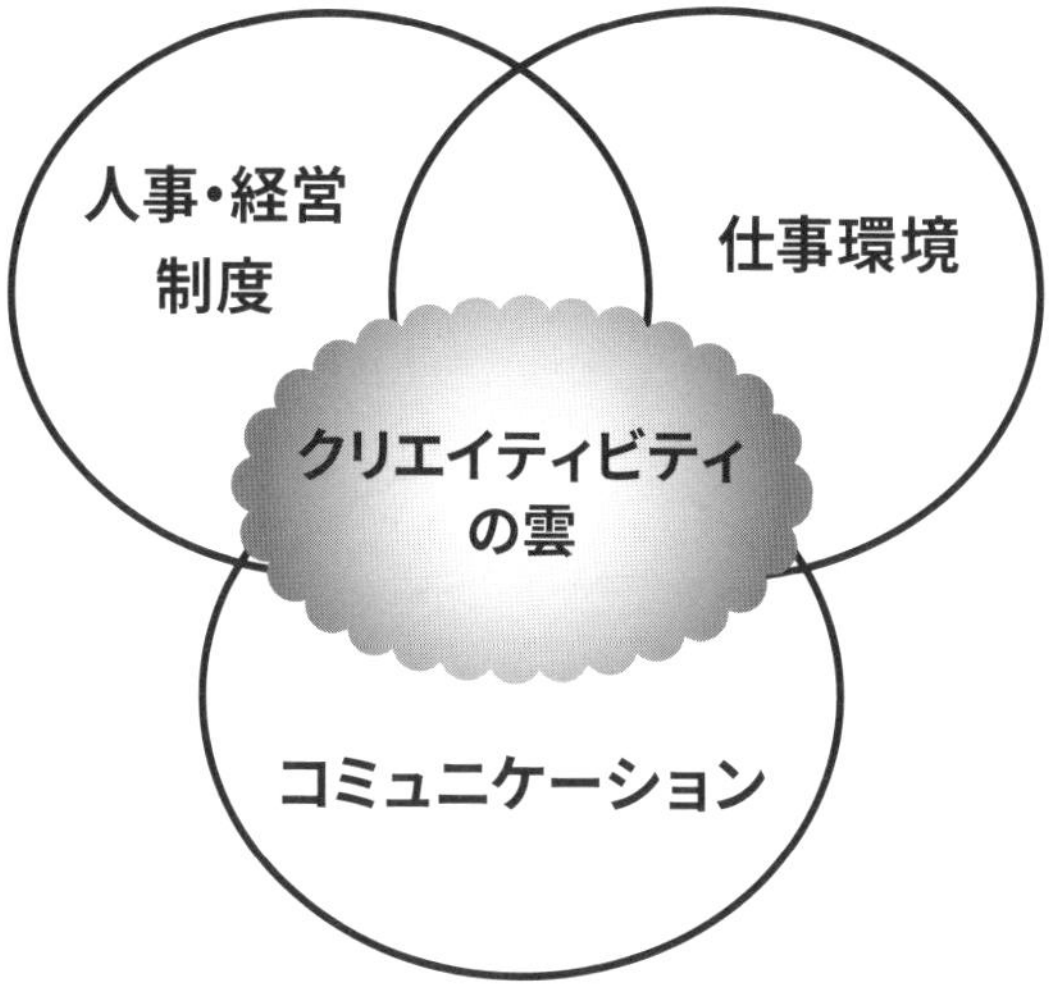

高ければ高いほど〝クリエイティビティ〟が高まっていく。

筆者はこれを「クリエイティビティの雲」と呼んでいる。なぜ〝雲〟なのかと言うと、このアプローチ自体が「何をやれば確実に〝クリエイティビティ〟が発揮される」、「この〝仕掛け〟によって何%〝クリエイティビティ〟の発揮確率が高まる」ということが言えるものではなく、〝確率論的〟に〝クリエイティビティ〟が発揮されやすい状態を作るものであるからである。

2つ目は、これら3つの観点における〝仕掛け〟が、互いに矛盾したものを入れないようにすることである。そうでないと、せっかくさまざまな〝仕掛け〟によって作った「クリエイティビティの雲」が、文字通り〝雲散霧消〟してしまう。

これについて、最近の日本企業で最も起こ

図4-8　**3つの観点と、3Mで行われている主な仕掛け（イメージ）**

※3つの観点にきれいに分かれないものもあるがイメージを掴んでもらうことを優先してプロット

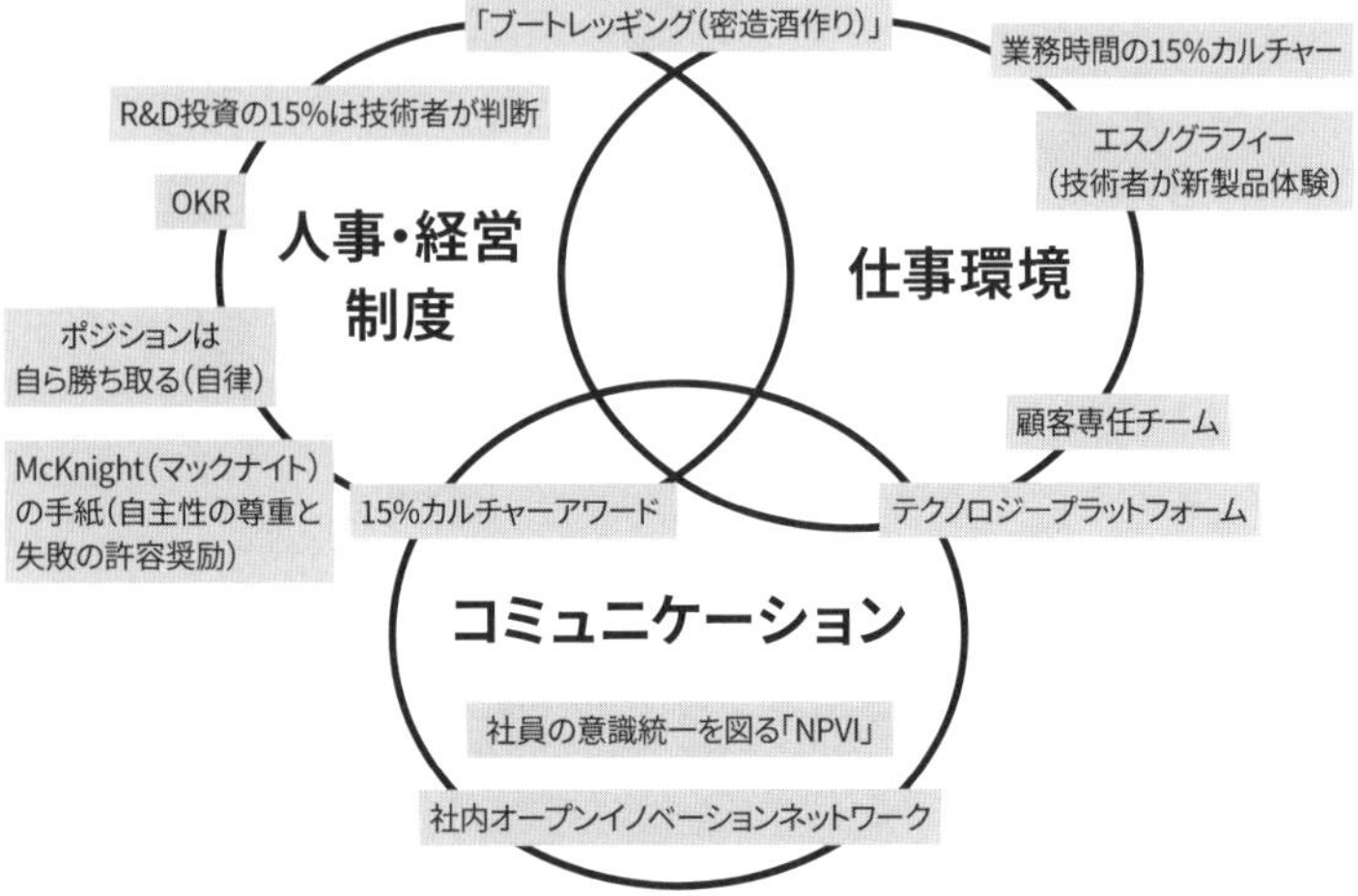

りやすいのは、〝減点主義〟の色合いが強く出る、人件費最適化や抑制を目的とした人事制度（〝ジョブ型〟、〝成果主義〟など）と、〝失敗許容の奨励〟との矛盾である。日本企業は、付加価値の高い仕事をしている社員の給料が先進国と比べて低く、付加価値の低い仕事をしている社員の給料が高いという状態にあり、その解消が重要な課題となっている。そのために、〝ジョブ型〟の導入と〝成果主義〟による評価で、給料が相対的に高い社員の給料を削っていくというアプローチをとる企業が増えつつある。慎重に考えて制度設計や導入を行わないと、全社的に〝クリエイティビティ〟が生まれにくい空気が蔓延する可能性が高い。

　例えば、「クリエイティブクラス」と「ノンクリエイティブクラス」を思い切って分離して、「クリエイティビティの雲」の創出は

「クリエイティブクラス」に限定するなどの手段が必要となるだろう。

参考までに、3Mにおける〝15%カルチャー〟や〝ブートレッギング（密造酒作り）〟などさまざまな〝仕掛け〟を、ここであげた3つの観点にプロットしてみると図4－8のようになる。多量・多彩、かつ、適切な〝仕掛け〟によって、〝クリエイティビティ〟発揮の確率を高める「クリエイティビティの雲」が発生しやすい状態が作られていることが分かるのではないだろうか。

第5節　変革プロジェクトを支援する組織機能（統合EPMO）

プロジェクト（前線部隊）とそれを支援するマネジメント組織（後方支援部隊）

ここまで2つの変化適応型マネジメントメカニズムと、それを実践形式に落とし込んだ2＋1個のレイヤー（メカニズムⅠの意思決定マネジメントレイヤーと実行マネジメントレイヤー、メカニズムⅡ）について見てきた。これらを実際の組織の中で機能させていくには、どうすればいいのか。

そのベースとなるのは〝前線部隊〟に相当するプロジェクトと、〝後方支援部隊〟に相当する変革支援組織（統合EPMO：Enterprise Project Management Office）の2つの組織もしくは組織機能である。これらを意識的に強化、あるいは新たに整備する必要がある。

まず、「プロジェクト」に関しては、プロジェクトマネジメント機能（中規模以上だとプロジェクトマネジメント担当やPMO〈Project Management Office〉が実行、小規模プロジェク

図4-9

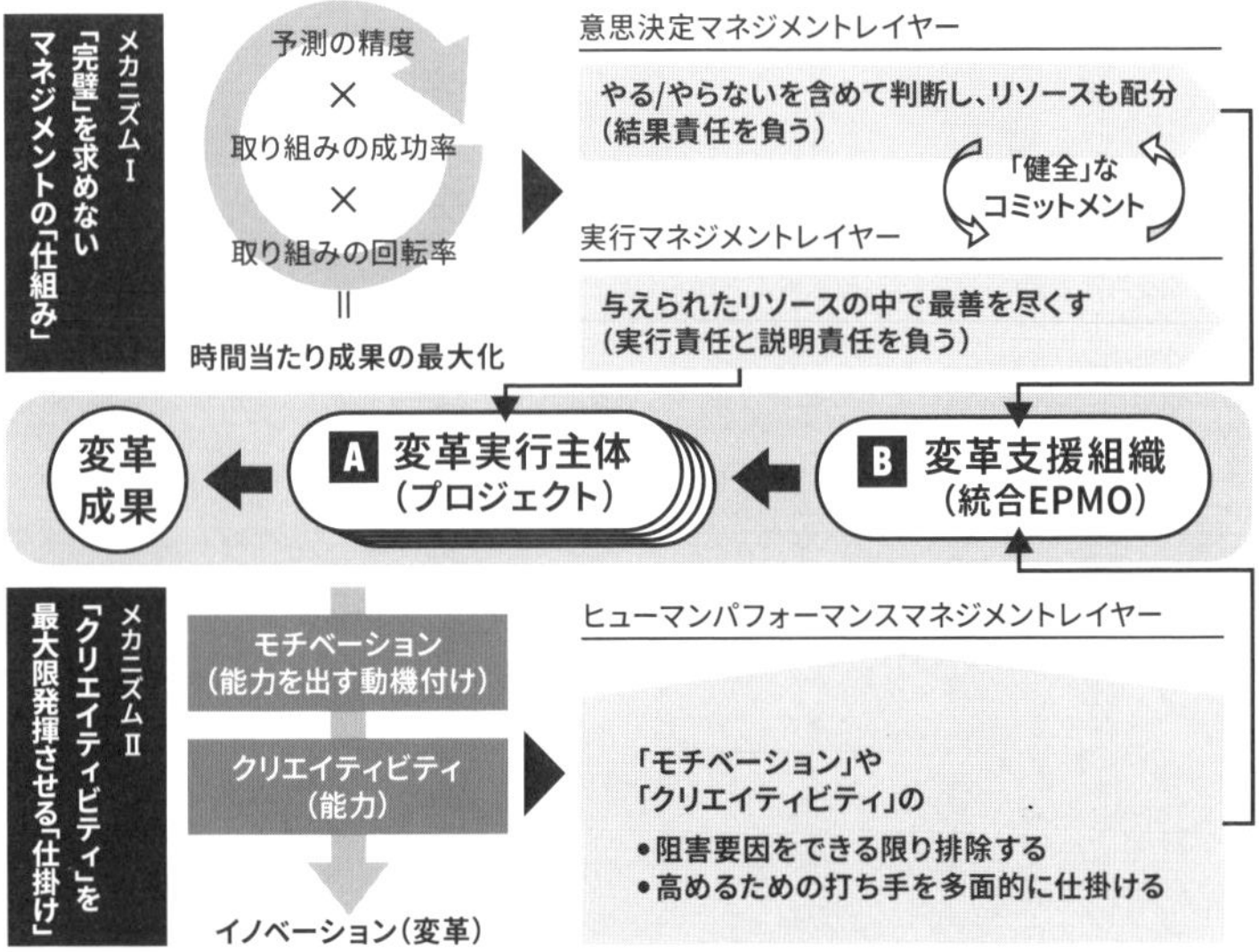

トだとプロジェクトリーダー自身が実行）が存在している場合は、仕事のやり方や、経営層を中心とした〝意思決定マネジメントレイヤー〟との関係性が変わるものの、体制自体を改めて整備し直す必要はない。

もちろん、プロジェクトマネジメント機能が全く存在しない場合もある。その場合は、全社標準的なプロジェクトマネジメントの仕組み（プロセス、ツール、テンプレートなど）と体制を導入・運用することになる。

一方〝変革支援組織（統合ＥＰＭＯ）〟は、全体を横断的に支援するために、経営層がリードする変革マネジメントメカニズムⅠの〝意思決定マネジメントレイヤー〟の〝仕組み〟の強化や、〝クリエイティビティ〟を最大限発揮させるための変革マネジメントメカニズムⅡの〝ヒューマンパフォーマンスマネジメントレイヤー〟のさまざまな〝仕掛け〟

の導入と運用を行う組織である。

ＥＰＭＯは、プロジェクトマネージャー資格のＰＭＰ（Project Management Professional）やプロジェクトマネジメント標準のＰＭＢＯＫ（Project Management Body Of Knowledge 第5版）などを制定している国際組織のプロジェクトマネジメント協会（ＰＭＩ）においても、プロジェクト横断のマネジメントとして定義されている。日本ではエンタープライズＰＭＯと、英語名称のままか、全社ＰＭＯや全社的ＰＭＯ、全社型ＰＭＯと呼ばれることが多い。また、全社レベルだけではなく、巨大企業の中の場合には事業部レベルで設置されることもあり、ＭＳＯＬではそれを部門ＰＭＯと呼んでいる。海外では一般的になりつつある組織だが、日本国内ではまだそれほど浸透しているとは言えない。ただ、前線を支援するためには必須の組織であり、本書で述べている「シン・トップダウン経営」の実践には不可欠である。

組織の設置場所は、ＣＥＯ直下（全社ＰＭＯ）や、巨大企業の場合は事業部ごと（部門ＰＭＯ）、取り扱う予算が大きく全社横断的な組織であるＩＴ部門（部門ＰＭＯ）に置いたりする。

ＥＰＭＯの持つべき組織機能の定義については、団体・調査会社・コンサルティング会社・導入会社によって異なるが、著者は〝プロジェクト型変革〟を対象としたＥＰＭＯに期待される組織機能の全体像を「統合ＥＰＭＯモデル（ＦＣＳＬモデル）」として定義した（詳細は次章）。

設置した「統合ＥＰＭＯ」では、〝意思決定マネジメントレイヤー〟に関しては、プロジェクトの評価・優先順位付けを行うポートフォリオマネジメントや、それに対する変更や中止も含めた判断（Judgement）、必要な要員リソースを確保・アサインするリソースマネジメント、それらに対して必要十分なプロジェクトの情報を収集可視化する組織機能などを、一貫性を持った一連のプロセスとして整備する。

組織体制に関しては、多くの企業でポートフォリオマネジメントに相当する役割を経営企画部門や財務部門が担っており、リソースマネジメントに相当する役割は人事部門が担っていることが多いが、〝プロジェクト型変革〟に最適化しておらず、業務プロセスもバラバラなことが多い。そのため、〝プロジェクト型変革〟に関わる部分（予算、要員など）を専門に扱う組織体制を整備する必要がある。

〝ヒューマンパフォーマンスマネジメントトレイヤー〟に関しては、プロジェクト参加者の〝モチベーション〟、〝クリエイティビティ〟の阻害要因の排除・軽減や、それらの向上のための「クリエイティビティの雲」の〝仕掛け〟について、多くの企業で総合的な取り組みとして行われていない。個別の〝仕掛け〟に関しては、評価制度の〝プロジェクト型変革への対応〟は人事部門が行うなど、主管組織が具体化することになるが、それらを統括する組織体制を新たに整備する必要がある。

「統合ＥＰＭＯ」は、企業にとって価値が高く、成功率も高いプロジェクトを選定し、成功率を高めるための支援を行い、周辺環境要因の変化やプロジェクトの状況を見てプロジェクトの優先順位の入れ替えを行い、場合によっては既存プロジェクトの縮小や廃止を行い、浮いた要員や資金リソースを別のプロジェクトに投入する。また、プロジェクト参加者の〝モチベーション〟と〝クリエイティビティ〟を確保する。これらの、プロジェクト型変革の〝成功〟と〝成果の最大化〟を行うための機能を集約した組織であり、「シン・トップダウン経営」の核として機能するのが「統合ＥＰＭＯ」である。次章では、その全体像と要点について考えていく。

第5章

前線で戦うプロジェクトを支援する「統合EPMO」の実際

第1節　「統合EPMO」の組織的位置付け

周辺組織と合わせた全体観の中での「統合EPMO」

「シン・トップダウン経営」の中核を担う「統合ＥＰＭＯ」は、第4章で説明した「〝完璧〟を求めないマネジメントの〝仕組み〟」と「〝クリエイティビティ〟を最大限発揮させる〝仕掛け〟」という2つのエコシステムをコントロールしつつ、プロジェクトを支援する。前線で戦う部隊がプロジェクトだとすれば、いわば後方で戦うための準備をしたり、戦いの趨勢を見て対応を行ったりする司令部にあたるのが「統合ＥＰＭＯ」である。本章では、この「統合ＥＰＭＯ」について、その組織的構造と、機能の実際について説明する。

本題に入る前に、まず、〝プロジェクト〟だけでなく、経営層や関連部門との関係性を含めて「統合ＥＰＭＯ」の組織としての立ち位置を明らかにして、具体的なイメージがわきやすいようにしたい。図5－1は、前章の最後の図で示した、変革実行主体（プロジェクト）と変革支援組織（統合ＥＰＭＯ）を中心に、関連する組織・組織機能の全体像をまとめたものである。縦に見ると、大きく3段に分かれている。

1段目は、経営層が中心となって行う戦略立案・意思決定組織機能である。主な業務としては、まず、全体戦略の立案や、それを実現するための大きな取り組みのグループ（プロジェクトの複合体であるプログラム）への分解、大きな取り組みグループの部分戦略の立案などの企画業務が

図5-1　**EPMOと他の組織機能との関係**

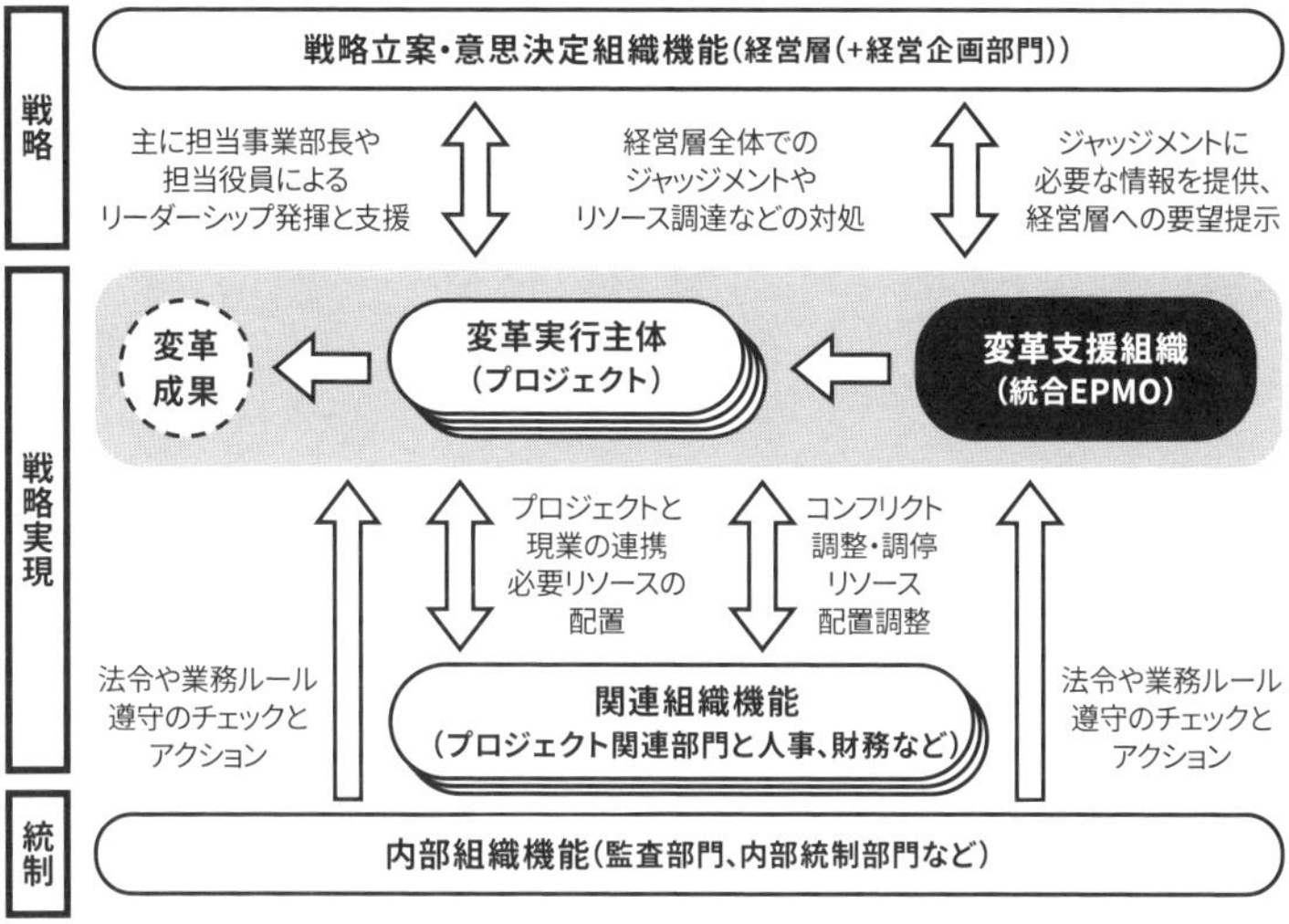

ある。加えて、多数のプロジェクトに対する優先順位付け、プロジェクトの価値評価（Valuation）や実現性評価（Feasibility Study）、予算投入や要員リソース投入などの投資意思決定業務がここに含まれる。

「戦略立案・意思決定組織機能」は、「統合ＥＰＭＯ」のオーナーであり、「統合ＥＰＭＯ」を通じてプロジェクトの成功率や回転率の向上を目指す。具体的には、企画業務や投資意思決定業務の結果として生成されたプロジェクトの実行を担保し、成功率を高め、意思決定が必要な変化があればその情報を取得するために、「統合ＥＰＭＯ」を利用する。

「統合ＥＰＭＯ」は経営層が正しく意思決定を行うためのValuationやFeasibility Studyの実務実行支援を行う。そのため、「統合ＥＰＭＯ」と「戦略立案・意思決定組織機能」は密接な関係性を必要としており、この２つのコミュニケーション密度が低いと、「統合ＥＰＭＯ」はあまり機能せず、プロジェクトの成功率や回転率の向上が期待できない。

「戦略立案・意思決定組織機能」は、日本企業では、経営層のバーチャル組織である〝経営会議〟や〝役員会議〟、およびその意を受けた〝経営企画部門〟が遂行していることが多い。〝財務・経理〟組織機能が強い企業においては、〝財務・経理部門〟や〝経営管理部門〟が2段目ではなく、1段目に入っている場合もある。また、〝人事部〟の一部がここに入る場合もある。いずれにせよ、経営層が中核となって、必要な組織機能のキーパーソンを組み込んだ、リアル、もしくは、バーチャル組織となる。

2段目は〝戦略実現〟のための組織機能で、中心は「変革実行主体」であるプロジェクトだが、〝関連組織機能〟（既存組織）が2つの役割で関与することになる。

まず、1つ目は、部門横断プロジェクトにおいてプロジェクトの具体化や実行を共同実施するもので、プロジェクトごとに必要となる組織は異なる。例えば、デジタル営業改革のプロジェクトを行う場合に、プロジェクト主管は営業部門だが、商品を動かす物流部門や、ＩＴの仕組みを提供する情報システム部門などが〝関連組織機能〟として関与する。

2つ目は、プロジェクトに必要なリソースを手配したり、逆に引き上げたりする機能である。〝関連部門〟としては、ヒト＝〝人事部門〟、モノ＝〝製造部門〟や〝物流部門〟、ＩＴなどの〝企業インフラの主管部門〟、カネ＝〝財務・経理部門〟が相当する。

「統合ＥＰＭＯ」はこれらの既存部門に対して、経営層の意思決定結果の履行を促したり、プロジェクト間やプロジェクトと関連部門間でのコンフリクトの調整・調停を行ったりする。

3段目は〝統制〟の組織機能で、プロジェクトや「統合ＥＰＭＯ」が目標達成に向けて注力しすぎることにより、コンプライアンスや社内プロセス・ルールに違反しないかをチェックし、是正勧告を行う組織機能である。組織名で言うと、〝監査部門〟や〝内部統制部門〟がこれに相当する。

このように、「統合ＥＰＭＯ」は、経営層や多数のプロジェクトやプロジェクト〝関連組織機能〟の間に立って、〝プロジェクト型変革〟の推進を行うハブ的な役割を担っている。そして、企業の規模が大きくなるほど、「統合ＥＰＭＯ」のハブ的な役割の重要性は高くなる。中でも効力を発揮するのは、経営層の意図を〝現場〟部門・プロジェクトが変えてしまう、〝戦略的意図の変質〟の抑止である。

大企業においては、経営会議で決まったことや稟議が通った案件であっても、現場部門レベルで決定事項の履行が曖昧にされてしまうことは珍しくない。よくあるのは、必要なプロジェクトメンバーを出さない（あるいは、出しても稼働しない）、プロジェクトから依頼された作業に対して、依頼を受けたメンバーは真剣に取り組まない（対応が遅い、品質が低いなど）というケースである。

筆者が外資系にいた時に、外国人の上司達が日本人の組織に関して最も嫌がっていたのが、英語でも使われるようになった、〝ホンネ（HONNE）とタテマエ（TATEMAE）〟による面従腹背である。彼らは、苦労して企画して意思決定しても、現場責任者レベルが独自の解釈で別のことをやるため、実行段階がブラックボックス化して変革のコントロールが利かないことに手を焼いていた。筆者は、グローバルスタンダード思考と日本人思考の両方が理解できるため、外国人上司が日本人リーダーを呼び出して〝ホンネとタテマエ〟の説教をする時に同席を求められることが多かった。外国人はもちろん、バックグラウンドや価値観が異なる人が協働する異文化環境において〝Transparency（透明性）〟や〝Integrity（真摯さ、高潔さ）〟が不足していることは、企業変革におけるボトルネックになると感じた。

では、外資系企業は首尾一貫した素晴らしい変革マネジメントを行っているのかというと、そうでもない。上司（経営層）が「それはそれ、これはこれ」という〝ダブルスタンダード〟を設定することが多かった。その時の都合に合わせて、これまでの基本原則を、無理やり理屈をつけて「いまは、状況が変わったのだから、方針や判断も前回とは変わる」という論理展開で、ルールそのものを変えてしまう。日本人からすると〝ずるいやり方〟である。ただ、これには、企業運営の観点から見て、少なくとも1点、長所がある。それは、案件（＝プロジェクト）単位では、それぞれが異なるものにせよ会社の定めた公式なルールにしたがって運営されるため、〝ホンネとタテマエ〟のような面従腹背が許されないことである。屁理屈であろうが、論理的な説明の上で決められたルールにしたがわない場合は、〝会社に対する反逆行為〟とみなされる。これがひどい場合は解雇要因ともなり得る。

〝戦略的意図の変質〟〝ホンネとタテマエ〟は日本企業の経営層が、従来のやり方を大きく変えようとする時に頻繁に直面する問題である。一方で、これらは、経営層の目の届かないところで発生しており、発見できたとしても完全に事後で手遅れの状態であることが少なくない。表面化しづらく、公にならないことも多いのだが、実は〝戦略的意図の変質〟は変革が頓挫する主要な原因の１つである。だが、「統合ＥＰＭＯ」を用いれば、経営層とプロジェクトの意思疎通が促進され、プロジェクトの透明性が担保され、経営層とプロジェクトの双方が状況変化による変更を是とすることで、〝戦略的意図の変質〟が露見しやすく、また、そもそも〝ホンネとタテマエ〟を使い分けて経営層から自分達を防衛する必要性が低下する。プロジェクト、および、関連部門との調整機能は、経営層の直接的なガバナンス力が低下している企業の経営層が、思い通りに変革を進めるための極めて重要な「統合ＥＰＭＯ」の役割である。

ＰＭＯ、ＰｇＭＯとＥＰＭＯの位置付けの違いと、ＥＰＭＯに積極投資しにくい理由

ある程度以上の規模のプロジェクトにおいてプロジェクトマネジメントを支援するＰＭＯや、プロジェクトをまとめたプログラムマネジメントを支援するＰｇＭＯ（Program Management Office）は、設置されることが多くなり、外部リソースを活用することも珍しくなくなってきている。

外部リソースの質も変化してきた。従来はＩＴシステム開発やコンサルティングを依頼する企業にＰＭＯ、ＰｇＭＯ業務も依頼することが多かった。ただ、彼らはクライアントである発注元企業よりも自社の利益を優先する傾向があり、客観的で公正なサポートを行っていないケースが多分にあった。また、契約金額を大きくするためにローパフォーマー中心の事務局をＰＭＯや、

図5-2

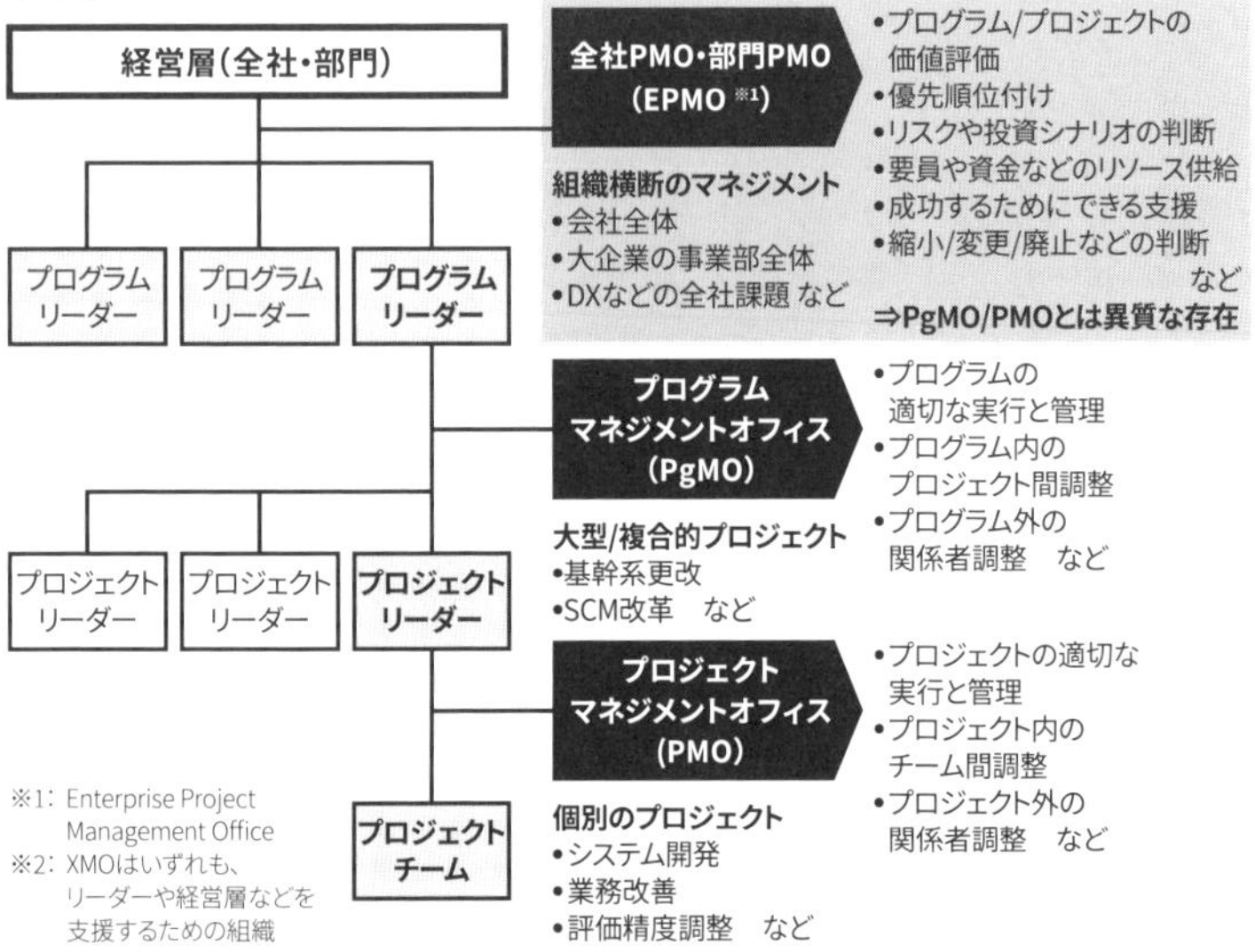

ＰｇＭＯとしてプロジェクトに組み込むことも多かった。その結果、組織だけはあるが、プロジェクトの問題解決に貢献せず、逆に問題発生時には自社（外部ベンダー）を守るために虚偽の報告をすることも珍しくなかった。

近年ではそれに対して、プロジェクトやプログラムを成功させるためにＰＭＯやＰｇＭＯのノウハウを持ち、かつ、発注元でも受注先でもない第三者として、ＭＳＯＬをはじめとしてＰＭＯ、ＰｇＭＯを支援する専門性の高いサービスプロバイダーが増加傾向にある。

一方、ＥＰＭＯはそもそも設置されることが少ない上、ＰＭＯ、ＰｇＭＯと異なり、外部リソースを使わずにごく少数の社員が行っていることが多い。これまで述べてきたように、ＥＰＭＯの必要性は急速に高まっており、経営層と話をしてもＥＰＭＯの役割について肯定的な見解が多いが、実際にリソースを集めてＥＰＭＯを設置する決断には至りにくいのが実状である。

　では、なぜ、ＰＭＯ、ＰｇＭＯは設置しやすく、ＥＰＭＯは設置しにくいか。それはＰＭＯ、ＰｇＭＯは〝直接費〟扱いだが、ＥＰＭＯは〝間接費〟＆〝間接部門〟扱いになることが大きな理由である。

　ＰＭＯやＰｇＭＯはプロジェクトリーダーやプログラムリーダーに所属し、プロジェクトやプログラムと１：１で紐付いており、予算管理上はプロジェクト投資の一部として扱われ、業務分析を行うチームや、ＩＴ構築を行うチームと区別されない。また、ＰＭＯやＰｇＭＯは推進上必要な組織機能として認知されていることもある。

　一方で、ＥＰＭＯは特定のプロジェクトやプログラムに紐付いておらず、かつ、プロジェクトやプログラムの投資額や要員数と必ずしも比例していないため、〝間接費〟＆〝間接部門〟として扱わざるを得ない。また、日本企業は海外企業と比べて〝間接部門〟の新設を嫌う傾向が強く、さらにＥＰＭＯの価値の算定が困難であることから、あったほうが良いことは頭で分かっていても、そこに要員や予算を投入することには二の足を踏むことが多い。

　ＥＰＭＯ設置の判断はトップダウンで行われることがほとんどだが、多くの場合に、経営層が最初に求めることは多数のプロジェクトの状況の可視化である。可視化を行うにあたって、プロジェクトの負荷が軽い仕組み作りや、プロジェクトとの信頼関係の構築にあまり工数をかけずに、最小限のプロジェクト横断のモニタリング組織として設置されることが多い。そのため、ＥＰＭＯは、プロジェクトを支援するだけのリソースを持っておらず、単に経営層の目として監察官のように動くため、プロジェクト側からは煙たがられるだけの存在になっていることが多い。ＭＳＯＬが２０２０年11月に行った調査では、ＥＰＭＯを導入した企業の7割以上が「経営層の意思決定の支援に対して、あまり貢献していない」と回答している。また、複数の企業で、一度設置したＥＰＭＯを廃止していた。

これらは、前線のプロジェクトを支える、後方支援を行う「統合ＥＰＭＯ」という役割を十分に理解していないために起きていることである。変化に乏しい環境で、少ないプロジェクトを推進していくのであれば「統合ＥＰＭＯ」は必要がない。しかしながら、現在はニューノーマルやSociety5.0などの新しい社会のあり方に向けて、予測不可能で大きな変化が頻繁に発生する。そのような状況下では、前線部隊のプロジェクトは自分達の手に余る変化に直面したり、価値がなくなり敵がいないのに前線に張りついていたり、難易度や求められるスピードがあがったにもかかわらず戦力の増強がされず前線が崩壊することなどが発生する。変化が乏しく、マネジメント対象となるプロジェクトが少ない場合であれば、経営層が目を光らせていれば対処が可能であるが、現在の大企業の場合は大きな取り組み（プログラム）で10~20個、それらを分解した個別のプロジェクトで１００個を超えることは珍しくない。これだけの大部隊を、変化に合わせてスムーズに動かして、必要に応じた支援や、場合によっては撤退を行うためには、後方支援部隊である「統合ＥＰＭＯ」が不可欠なのである。

正しく機能している「統合EPMO」がもたらす価値

プロジェクト全体を統括する「統合ＥＰＭＯ」を導入することで、企業は以下のような価値を得ることができる（○は成果が見えにくい、または、成果が見えるまでに時間がかかる。●は短期間〈半年以内〉で成果が見える）。

○価値が高いプロジェクトに集中投資が可能
○緊急度が高いプロジェクトと、将来のために必要なプロジェクトのバランスをとることが可能
○社長特命案件など急な大型プロジェクトが発生した場合でも、既存プロジェクトの組み換えが容易
●〝やるべきか〟だけでなく〝できるのか〟という観点で、成果をあげる見込みのないプロジェクトを排除可能
○変化が発生した場合に、プロジェクトの優先順位やリソース配置の見直しが可能
●プロジェクトの各種兆候から、サポートして続行すべきか、縮小・廃止すべきかを早期に判断可能
○上記の結果として、プロジェクトの失敗や予算・期間の拡大による被害の最小化が可能
○経営層とプロジェクトにおける〝戦略的意図の変質〟〝ホンネとタテマエ〟を回避

ここにあげたように、「統合ＥＰＭＯ」は組織機能的に重要な価値をもたらす反面、経営層がリーダーシップを発揮して意思決定やリソースマネジメントに関する急進的な意識改革を行わないと、すぐに目に見える成果があがりにくいという特徴がある（ただし、〇となっているものも、急進的な意識改革が成功すると、すぐに効果が出る）。

即効性を重視する日本企業の多くは優秀な人材を投入して、新しい組織（「統合ＥＰＭＯ」）を立ち上げる決断をしにくいのではないかと思う。

一方で、海外先進企業は直接費・間接費にこだわらず企業の成長に必須なものに対する投資をためらわない傾向にある。世界最大のＩＴアドバイザリー企業であるGartnerは２０２０年10月のレポートで「２０２３年までに、組織の80％に、デジタル製品とプログラムの統合に重点を置いたエンタープライズ・プログラムマネジメントオフィス（ＥＰＭＯ）が設置される」という仮定を立てている（Gartner, “EPMO’s Role in Managing Innovation-Driven Demand”, Sarah Davies, 30 Oct 2020）。このレポートにあるようにＣＯＶＩＤ－19によって実現予定時期に変化はあるにせよ、ＤＸにおける多種多様なプロジェクトをマネージしていくためには、全社レベルのプロジェクト横断のマネジメント組織が必要だということである。

なお、日本においても、ＤＸの「統合ＥＰＭＯ」の相談が増えてきている。前述したように間接部門に対する組織文化の壁は厚いが、日本企業におけるＤＸの成功率を高める体制の確立を求める企業が増えてきているのである。

「統合EPMO」の規模感

では、「統合ＥＰＭＯ」は、どの程度の規模で設置すべきものなのだろうか。当たり前のことだが求められる要員数は、プロジェクトの数と規模、どこまで深くプロジェクトの支援に踏み込むかなどに大きく依存する。

筆者の経験から言えば、最初の立ち上げと仕組み作りが終わり、かつ、プロジェクトとの間に信頼関係が構築されたあとの定常業務化した状態で、コンパクトな「統合ＥＰＭＯ」だと、20個程度のプロジェクト（半数は、複合的なプログラム）の支援、約50名のコアメンバーのリソースマネジメントを、２～３名で運営していたケースがあった（ただし、さすがにプロジェクトが自己解決困難な課題に直面した時に直接的な支援を行う余裕はなく、安定性を重視するなら４名は必要であったと思われる）。なお、立ち上げと仕組み作り、信頼関係構築時には、約３カ月の期間と、外部パートナーの部分参画を含めて６名の要員を必要とした。

大規模な企業変革では、「統合ＥＰＭＯ」がプロジェクトの参画メンバーの不得意領域の課題解決（コンフリクト解決、問題原因分析など）を肩代わりするなどのピンポイントでの直接支援を行うことから、あるケースでは社員中心の専任５名＋兼務４名の体制、別のケースでは外部パートナー中心で専任だけで10名ほどで運営を行った。なお、ピンポイントでの支援といっているのは、工数にしても半日から多くても２人日《にんにち》程度で、プロジェクトがスムーズに進むためのボトルネックとなる要素を取り除くことを目的とするものである。「統合ＥＰＭＯ」のメンバーがプロジェクトの火消しや不足している工数の補填を行うものではない。「統合ＥＰＭＯ」としての対応は、あくまでプロジェクトへのリソース追加や、緊急対応部隊（ＳＷＡＴチーム）を組成して投入するように取りはからうべきである。詳しくは本章第３節で述べるが、ＥＰＭＯがプロジェクトと密接な関係を持つ意義の１つは、将来の大問題の兆候をとらえて、顕在化する前に対処することにある。

海外先進企業の「統合EPMO」（ZTEの例）

海外では「統合ＥＰＭＯ」の導入が進んでいる、と説明したが、実は「ＥＰＭＯ先進企業」は欧米だけではない。中国でも「統合ＥＰＭＯ」を積極的に導入し、プロジェクトを中心とした変革マネジメントに成功しているケースがある。その１つがＺＴＥである。

ＺＴＥは中国の１９８５年創業の世界有数の総合通信機器メーカー、ソリューションプロバイダーである。２０１９年度の売上高は約１兆３８００億円に達する。この急成長の背景に、全社をあげてのプロジェクトマネジメントの強化があったことはあまり知られていない。

ＺＴＥは２００１年から、個別プロジェクトのプロジェクトマネジメントの世界標準とも言える成熟度モデル「ＣＭＭＩ（Capability Maturity Model Integration）」（１９９９年初版）を導入しており、〝プロジェクト型変革〟を強く意識してきた。一方で、事業の急成長に伴い、全社横断でのプロジェクトマネジメントの欠如や、プロジェクトと現業兼務によるプロジェクトリーダーの責任感の低下、プロジェクトの要員リソースの不足などの問題が表面化してきた。

そこで、ＺＴＥは２００８年から、組織の壁を打ち破り、プロジェクトを中心とした変革マネ

図5-3　**ZTEにおけるPMOの階層構造と呼称・目的**

MSOL-CN（中国子会社）
調査資料より著者作成

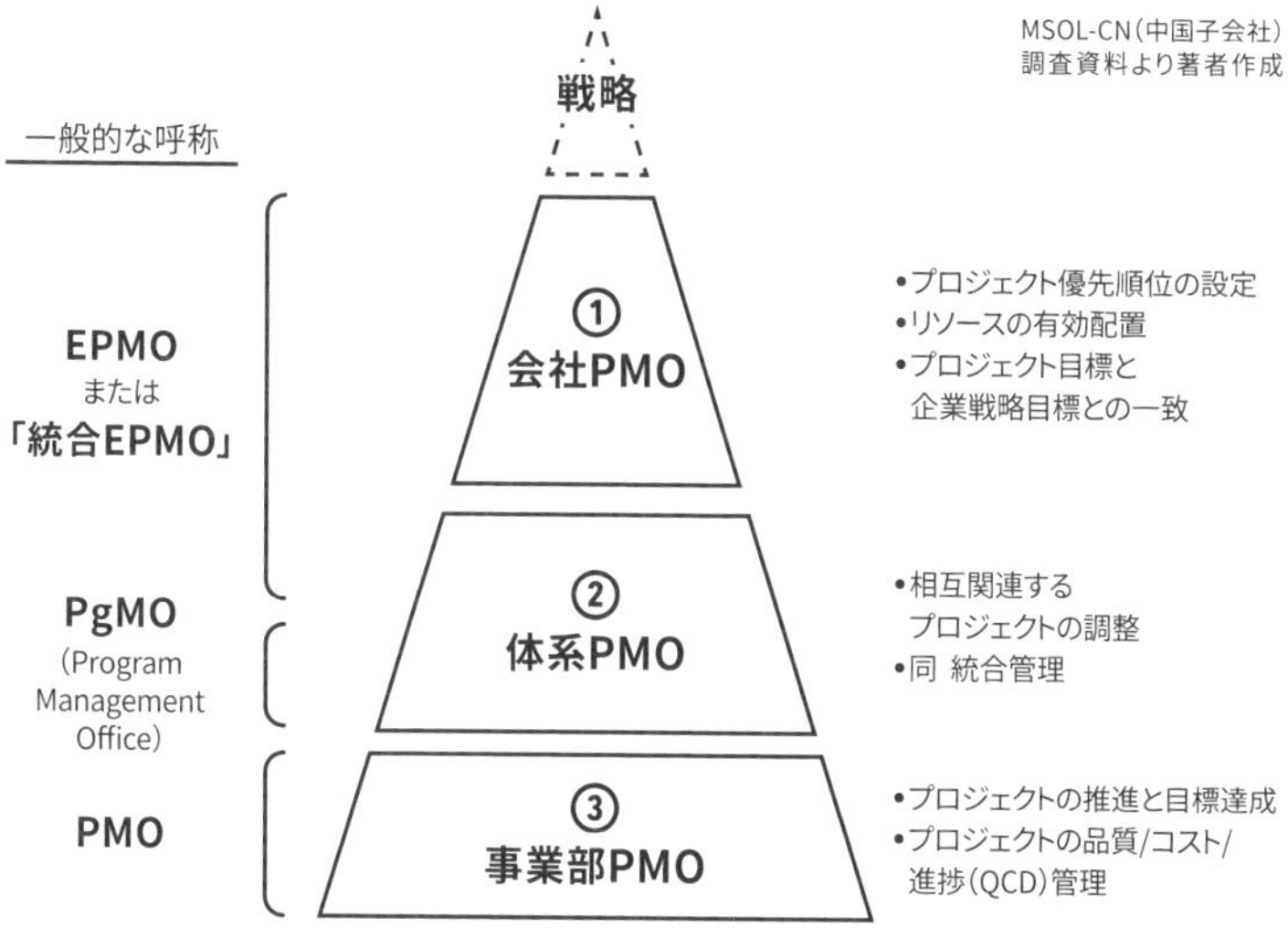

ジメントを目的に、グループ企業全体のプロジェクト運営の整理を行い、組織、人事、評価制度などの複合的な観点から、3層のＰＭＯ組織を設置した。

3層とは、①プロジェクトの優先順位付け、要員リソースの配置、会社とプロジェクトの間での意識統一を行う「会社ＰＭＯ」、②相互に関連するプロジェクトを全社観点で調整・マネジメントする「体系ＰＭＯ」、③プロジェクトの質（品質：Quality、コスト：Cost、納期：Delivery）を担保しつつプロジェクトの推進と目標の達成を支援する「事業部ＰＭＯ」からなっている。

①と②のうちプログラム（同一目的のためのプロジェクトの集まり。大規模案件に多い）横断的な調整機能は「統合ＥＰＭＯ」の役割に相当する。②のうちプログラム内のプロジェクト間の調整はＰｇＭＯに相当する。

図5-4　PMOとプロジェクトの組織イメージ

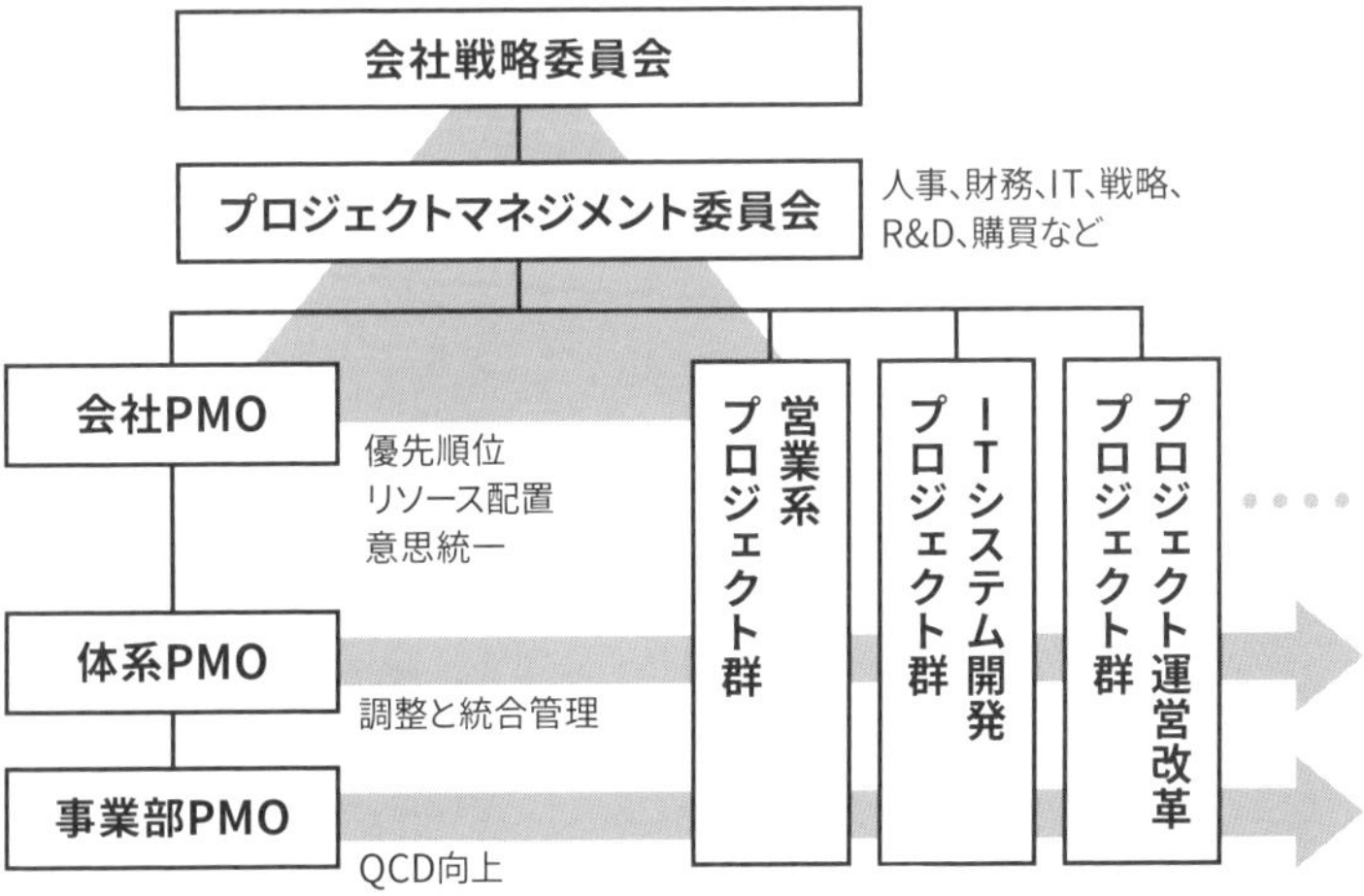

MSOL-CN（中国子会社）調査資料より著者作成

③は個別プロジェクトのマネジメント支援を行うＰＭＯに相当する。

　実体組織の観点から整理すると図５－４のようになり、３つのＰＭＯは、プロジェクトを配下に置くのではなく、並列の存在として、意思決定や相互関係の調整、個別プロジェクトの支援などの各層において、プロジェクトを支援する位置付けである。

　〝プロジェクト型変革〟に関するGo/Stopやリソース配置などの重要な意思決定は、「プロジェクトマネジメント委員会」が行う。「プロジェクトマネジメント委員会」は、人事、財務、ＩＴ、戦略、Ｒ＆Ｄ、購買など主要部門の代表が集まる〝常設のバーチャル組織〟である。それに対して「会社ＰＭＯ」は〝常設のリアル組織〟として、「プロジェクトマネジメント委員会」が適切な意思決定を行うために、意思決定に必要な情報を集約したり（プロジェクトのポートフォリオ、要員のアサイン状況など）、意思決定の結果の実行を支援したりする委員会の運営組織としての役割を担っている（なお、ここで紹介したＺＴＥの「統合ＥＰＭＯ」とその組織の持ち方はあくまでも一例であり、最適解は会社の状況によって異なる）。

ＺＴＥではさらに、プロジェクト運営のＤＸ、プロジェクトのアジャイル化などを進めている。中国企業というと、政治的な話題がクローズアップされがちで、非論理的で国家権力も含めた強権的な組織運営をしているイメージを持たれがちである。しかしながら実態を見ると、先進・成長企業の経営層は海外で経営学を学んだ人が多く、民間企業の組織の歴史も浅いので合理的な事業運営・組織運営に対する抵抗が少なく、伝統的な日本の大企業よりも不確実な時代に対する適応力が高い企業も多い。

「経営企画部門」と「統合ＥＰＭＯ」

企業内に「統合ＥＰＭＯ」を設置する際に、組織としての役割の違いを明確にしておくべきなのが「経営企画部門」である。筆者は以前、ある企業の役員から、「ＥＰＭＯは経営企画部門が担当すればよいのか？」という質問を受けて、答えに迷ったことがある。経営層の戦略立案を直接支援している「経営企画部門」であれば、戦略立案ではなく、戦略の実現を支援するＥＰＭＯとは役割分担すべきなので、答えはＮＯになる。ただし、各部門との調整や資料のとりまとめなどが中心の「経営企画部門」であれば、そうした役割を整理統合してＥＰＭＯという新しい組織に転換するのも１つの手である。

日本企業の特徴の1つに、「経営企画部（経営戦略部）」が常設の部門として、それなりの規模で設置されていることがある。筆者は「経営企画部」からコンサルティングの仕事を受けることも多いが、社内調整やとりまとめなどの内部向けタスク、かつ、ノンクリエイティブタスクが多く、未だにこれらの組織が常設で、かつ、シニアメンバーから若手までそろったものである必然性が分からない。また、これらの部門に所属しているリーダーやメンバー自身も、会社に対する自分達の価値が明確でなく困っていることも多い。

なぜ、「経営企画部」がこのような状態に陥っているかというと、日本企業の多くはトップダウンでの戦略的な企業運営がされていないからである。コンサルタントを使うなどして、大戦略の立案はトップダウンで行ったとしても、前述した〝企画と実行の分離〟の組織運営思想がベースになっている企業においては、それをブレイクダウンしての具体化は事業部などの主管組織に委任される。また、主管組織に委任された部分戦略の具体化作業は、さらにその下の部長や課長に委任されるケースが多い。そのため、戦略方針はトップダウンだが、中身はボトムアップの中期計画や年度計画の企画の具体化＝〝実行計画もどき〟が主管組織からあがってくることが多い。

〝実行計画もどき〟としたのは、簡易な実現性検証（フィージビリティスタディ）もせず、夢のようなあるべき論の抽象的な企画をベースに、短期間で予算獲得まで含めた〝それらしい実行計画〟を作らなければならないからである。少なくとも、先進的、かつ、複合的な取り組みに関して、主管組織に短期間で質の高い実行計画を要求するのは無理がある。

そして、この〝実行計画もどき〟を「経営企画部門」がとりまとめていることが多い。「経営企画部門」はとりまとめたものを、それらしく整合性がとれた資料として社内外向けに説明できるようにすることが主たる作業のように見える。30年近く前は、「経営企画部門」は花形部署であったが、近年は「経営企画部門」の社員自身が自分達の仕事に誇りを持てないという話を聞くことが多い。

筆者が所属してきた外資系企業だと、戦略立案や意思決定は、経営層（Board Member, Executive Leadership Team）などの上級職集団が行うものという認識が強い。そして、多くの作業工数がかかったり、難易度が高いものを検討したりする場合には、社内メンバーを追加したり、コンサルタントを入れたりしてタスクフォース（任務部隊）やプロジェクトを形成し、終われば解散する。

例えばGartnerのコンサルティング事業部のExecutive Leadership Teamのメンバーは、上級職ばかりで構成されており、世界に十数人しかいないラインのリーダーと同格以上であった。そして、彼ら自身でプレゼンテーションや詳細な事業シミュレーションなどをスライド作成ソフトや表計算ソフトを使って行っていた。

最初の役員からの質問に戻ると、「経営層の戦略立案を支援するメンバー以外をＥＰＭＯにする」というのが、筆者の考える最適解である。そうすれば、多くの企業で曖昧になっている「経営企画部門」の役割を、企画機能とマネジメント機能に明確に分けることができるし、人材育成の面でも、いまの多くの日本企業の〝経営企画部門〟にいるよりも、正しく機能しているＥＰＭＯで働くほうが、経営と現場の視点の獲得、ハードネゴシエーションの訓練、経営層に近い立場から現場の信頼を勝ち得る経験など、より実践的な学びを得ることができる。

第2節　「統合EPMO」の概要

「統合EPMO」モデルの必要性

第4章で見たように、「シン・トップダウン経営」を実現するには、「変化適応型マネジメントメカニズム」の2つのメカニズム、すなわち「〝完璧〟を求めないマネジメントの〝仕組み〟（メカニズムⅠ）」と「〝クリエイティビティ〟を最大限発揮させる〝仕掛け〟（メカニズムⅡ）」を十分に機能させる必要がある。当然のことながら、それを支援する「統合EPMO」は、その2つのメカニズムの働きに寄りそうものでなくてはならない。さらには、組織の成熟段階に合わせて発展・変化させていく必要もある。そのため、複合的な機能を連携させた「統合」という言葉を使っている。ここからは、こうした要件を踏まえつつ、「統合EPMO」の概要について詳しく説明する。

目的と目標を明確にせずに、最低限の必要性だけで「統合EPMO」を設置しようとすると、前節で述べたように経営層の目としての立ち位置で、精度の低いモニタリングとレポーティングだけを行う組織になりがちである。最大の問題は、その場合、経営層とプロジェクト間に管理する側とされる側の緊張感や対立関係が生まれることにある。ひとたびそうした状態に陥れば、経営層と現場の関係を見直し、〝クリエイティビティ〟を高める『変化適応型「マネジメントメカ

図5-5

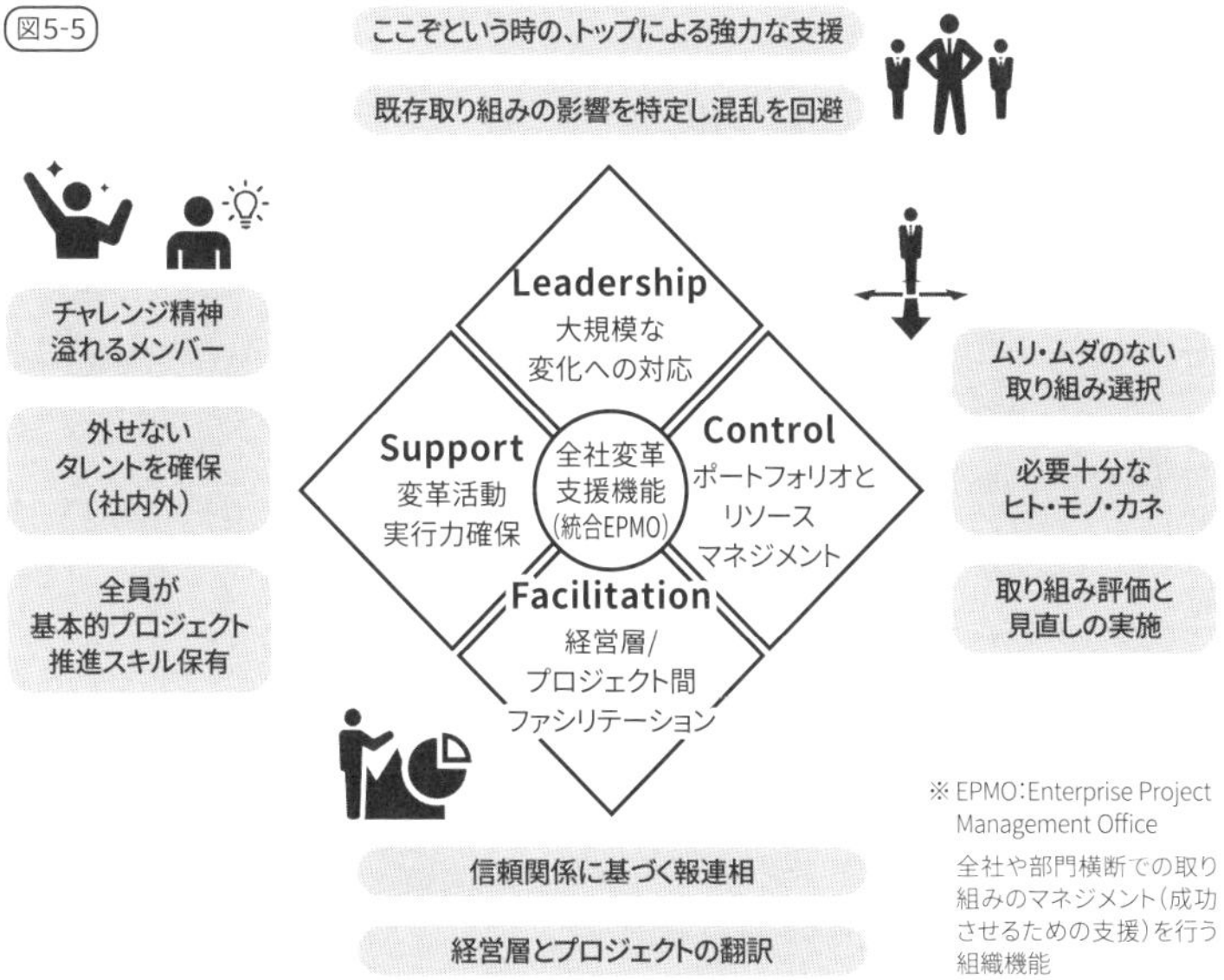

ニズム」』に発展させることは困難である。「シン・トップダウン経営」を成功させるためには、最終的に目指す「統合ＥＰＭＯ」の姿のイメージを持って、それに向けて段階的に「統合ＥＰＭＯ」を育てていくことが求められる。もちろん、最終的に目指す「統合ＥＰＭＯ」の姿は企業によって異なる。だからといって、基本設計図もなしに、ゼロベースで自社の目指す「統合ＥＰＭＯ」を考えるのは時間の無駄であり、かつ、品質に関しても不安がある。

そこで、「統合ＥＰＭＯ」に求められる組織機能をグループ化して、汎用的、かつ、包括的な組織機能のフレームワークとして「統合ＥＰＭＯ」フレームワークの「ＦＣＳＬモデル」を定義した。

ＦＣＳＬとはFacilitation（活動が容易にできるようにし、上手くことが運ぶよう舵取りすること）、Control（意図したように物事を制御すること）、Support（さまざまな手段で成功するように支援すること）、Leadership（正しい方向に向かうように統率すること）の４つの組織機能グループの頭文字を並べたものである。

このモデルは、海外企業ですでに「統合ＥＰＭＯ」の役割として明確に認識されている組織機能に加え、先進企業が現在挑戦している組織機能まで含めた普遍性の高いものであり、個別の組織機能の変化はあれども当面陳腐化しないと考えている。

「FCSLモデル」の設計思想

「統合ＥＰＭＯ」の「ＦＣＳＬモデル」は図５－６のような４つの組織機能グループ（四角形）で構成されている。縦軸（上下）と横軸（左右）が、それぞれ対になっている。

横軸は、経営層がプロジェクトやそれに参画するリーダー・メンバーに対してどのように関与するかを示している。右側は、経営層が戦略に基づいて意思決定しリソース配分を行うという制御（Control）であり、ルールやプロセスなどで規定された〝仕組み〟が中心となる。左側は、プロジェクトに参画するリーダー・メンバーが成果をあげやすくするための支援（Support）であり、経営層による動機付けやセーフティネットなどの〝仕掛け〟が中心となる。

〝プロジェクト型変革〟において、経営層は、多数のプロジェクトを合理的にControlするとともに、内発的動機を刺激してクリエイティビティを発揮できるような心理的な側面からSupportを行う必要がある。これらを両立させることで、経営層として、厳しくも社員への慈愛に満ちた

図5-6

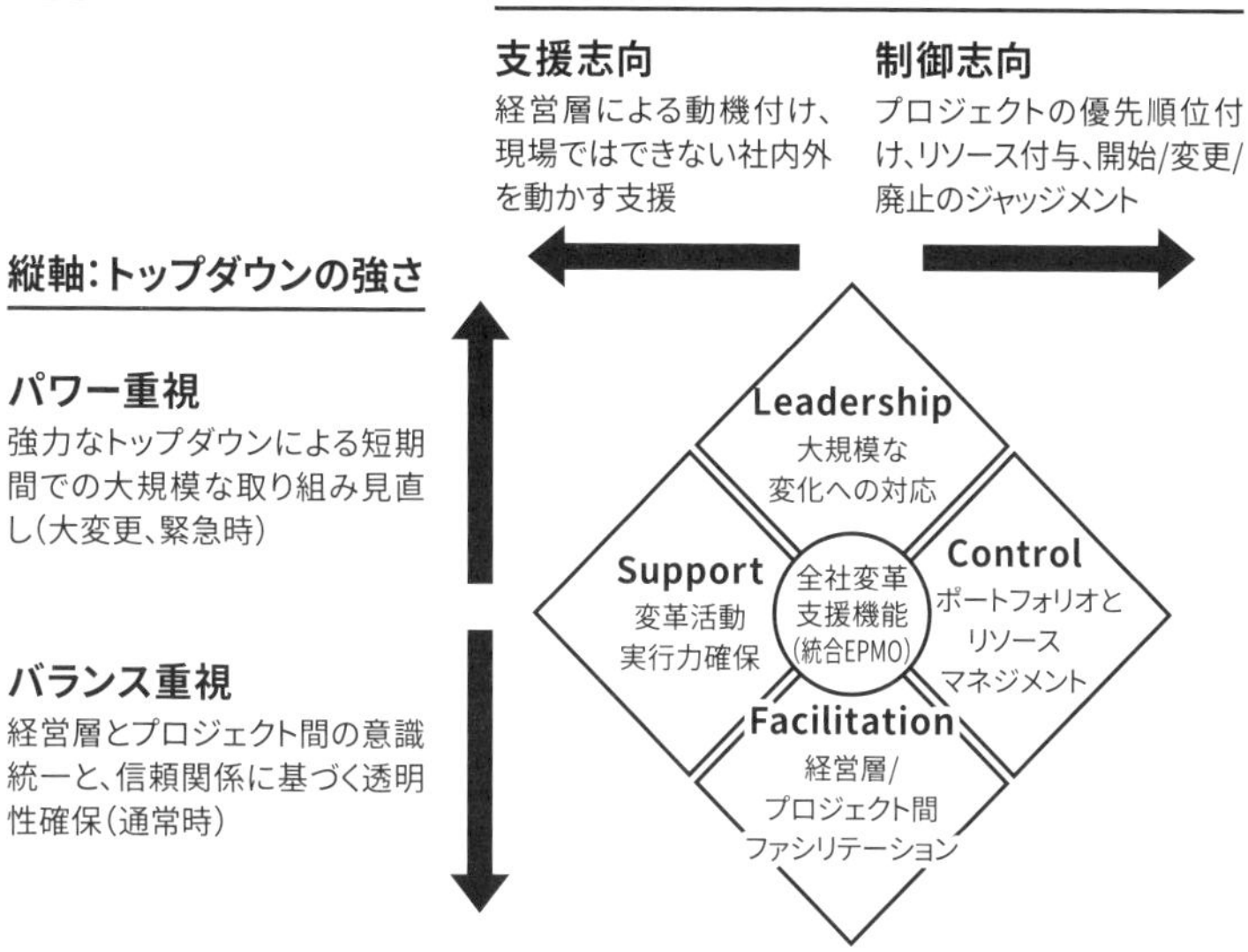

行動を示すことにより、少なくとも企業を変革する上位2割（いわゆる2－6－2の法則。優秀な人材は上位2割で、普通の人材は6割、あまり会社に貢献できない人材が下位2割）に〝プロジェクト型変革〟において最高のパフォーマンスを発揮させることを目指す。

縦軸は、経営層のトップダウンのパワーの発揮の仕方を示している。下側は、通常時のプロジェクトに対する緩やかなパワーの発揮であり、ＥＰＭＯにトップダウンとボトムアップの間をとり持たせて、プロジェクトが経営層の意図を汲みつつ活動しやすくするようにする（Facilitation）。上側は、非常時のプロジェクトに対する強いパワーの発揮であり、戦略の大変更やＣＯＶＩＤ－19などの大規模災害時に、従来の戦略、および、それを実現するためのプロジェクトについて、統制を失わずに、短期間で、入れ替えや変更を行う（Leadership）。

Facilitation は常設の組織機能であるが、Leadership は非常時の一時的な組織機能である。多くの人が全社ＰＭＯやＥＰＭＯという言葉を聞いてイメージするものが Facilitation であるが、これは監視者や管理者ではない。全ステークホルダーの間に立って、企業の戦略実現に皆を向かわせるという、行動力や人間力などの才覚を求められる重要な仕事である。

４つの機能群："F"、"C"、"S"、"L"の概要

"F"、"C"、"S"、"L"のそれぞれのグループについて、もう少し詳しく説明しよう。

"F"すなわち Facilitation 機能は、経営層からプロジェクト、プロジェクトから経営層、プロジェクト間で適切に情報が流れている状態を作る「統合ＥＰＭＯ」における基礎となる機能であり、最初に整備すべきものである。プロジェクト横断での可視化もここに含まれ、Control 機能において正しい判断をするために必要な情報を収集し内容の検証も行う。Monitoring という言葉を使っていないのは、経営層から一方的に監視することではなく、双方向のコミュニケーションが重要だからである。経営層とプロジェクトの間に信頼関係が醸成されていないと、本当に重要な情報は流通しないし、経営層が発する単語に過剰反応することになる。

"C"すなわち Control 機能は、経営層によるプロジェクトの優先順位付けと、各種判断（Judgement）、リソースの配分（特に、ヒトとカネ）および、定期的、あるいは、変化が発生した場合のプロジェクトの見直しという一連のプロセスが正しく行われるよう支援する機能である。

具体的にはプロジェクトポートフォリオマネジメント、稟議を含む段階的で変更に柔軟に対応できる意思決定プロセス、プロジェクトに必要な要員稼働を確実に割り当てる要員リソースマネジメントなどが含まれる。

この2つ、Facilitation機能とControl機能を合わせたものが「統合ＥＰＭＯ」の中核機能である。

〝S〟すなわちSupport機能は、プロジェクトの成功率を高めるための人的側面の支援を行う機能である。主な役割としては、プロジェクト参加者がチャレンジ精神とクリエイティビティを発揮できるような支援の実施、プロジェクトにとって重要なタレント（ＡＩ、データアナリスト、キュレーターなど）の獲得支援の実施、プロジェクト参加者へのプロジェクトワークの基礎教育の実施などがある。この領域は人事評価や、経営幹部の人脈の活用、スキル育成など広範囲に渡るため、効果が高い、あるいは、緊急度が高いものから手を打つ必要がある。

最後の〝L〟すなわちLeadership機能は、経営層がリードして、企業の大戦略の変更や、ＣＯＶＩＤ‐19などの大規模な災害に伴うプロジェクト全体像の抜本的な見直しを短期間、かつ、最小限の混乱で実行する機能である。この機能は、定常時には設置されないが、緊急事態の対応プロセスとしてあらかじめ準備しておくことが望ましい。

海外先進企業と日本企業の一般的なＥＰＭＯの比較

海外の先進企業では〝プロジェクト型変革〟が定着しており、また限られた経営資源を適切に

図5-7

海外先進企業のEPMOのスコープ
（海外動向）

EPMOを導入している日本企業のスコープ
（日本企業の一般的な状態）

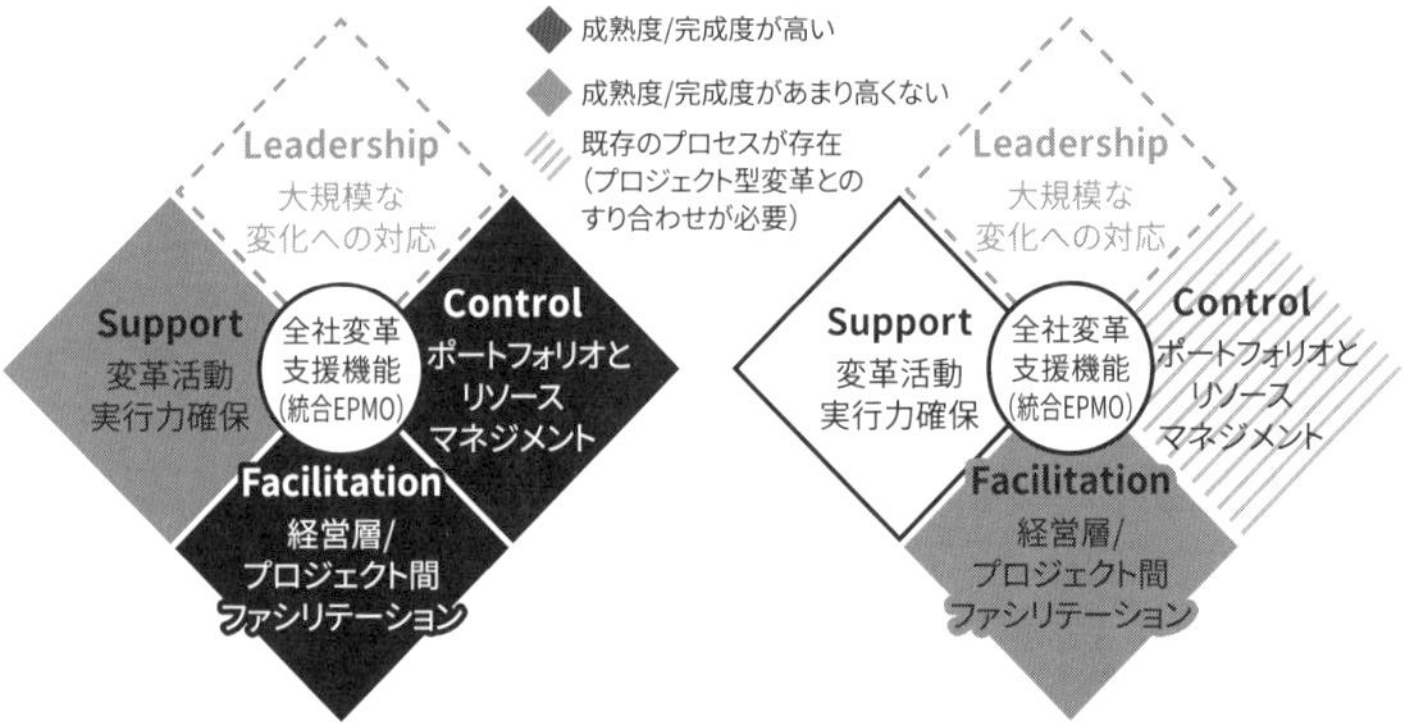

- 近年は、ヒトの生産性向上に注目
- ポートフォリオマネジメント、リソースマネジメントとFacilitationは連動
- 海外企業は透明性を重視
- EPMOはプロジェクトとの協力関係を重視

- 既存の稟議プロセスや人事プロセスが、“プロジェクト型変革”に対応していない
- プロジェクト一覧はあってもポートフォリオ管理はない
- 経営層に報告するための、プロジェクトの進捗可視化が中心

配分するためにプロジェクトポートフォリオマネジメントが定着している。また、上長と部下でリソースの委任と成果の約束（コミットメント）が定着しているため、もともとControl機能のプロジェクトポートフォリオマネジメントと要員リソースマネジメントの成熟度や完成度は高い。また、Facilitation機能に関しても、日本で起きているような経営層とプロジェクトの対立関係や、それに起因するプロジェクト側の情報提供の抵抗などの経験をへて、EPMOとプロジェクトの信頼関係をベースとした協力体制が確立されつつある。そのため、「統合EPMO」の基本機能であるControl機能＋Facilitation機能＝「変化適応型マネジメントメカニズム」のメカニズムⅠのスムーズな連携が可能になっている。

また、近年は、イノベーションの源泉であ

図5-8

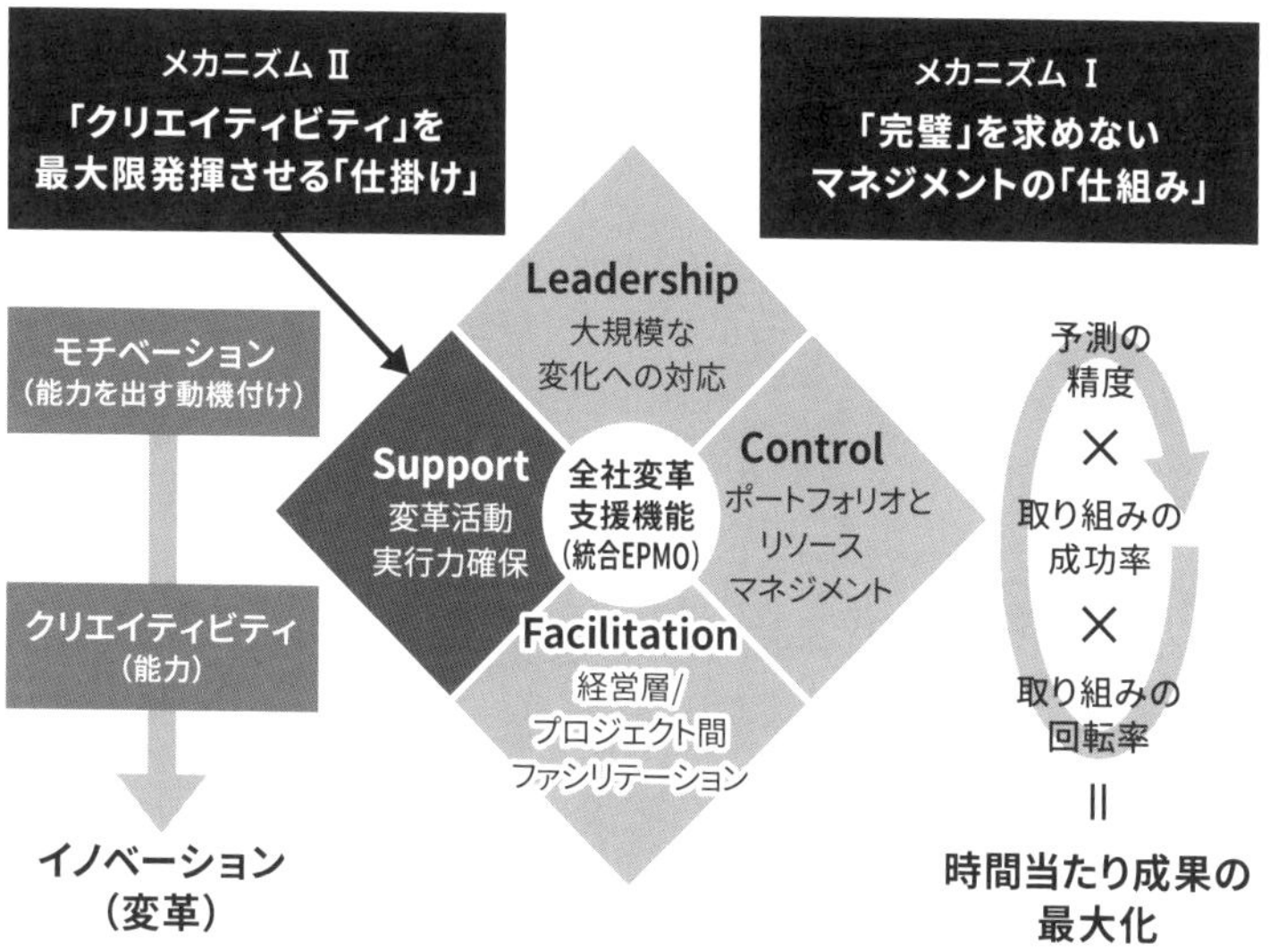

る〝モチベーション〟や〝クリエイティビティ〟を発揮させるためのSupport機能＝「変化適応型マネジメントメカニズム」のメカニズムⅡが注目されている。ただし、「統合ＥＰＭＯ」の基礎的機能であるFacilitationに関して、プロジェクトとの信頼関係や協力関係を構築する段階でつまずいている企業も多い。

一方で、一般的な日本企業においては、これまで述べてきたように、案件単位での一括承認で、変更に対する柔軟性に欠け、段階的意思決定と柔軟なプロジェクトの入れ替えを志向するプロジェクトポートフォリオマネジメントの概念が定着していない。また、固定組織をまたがる要員リソースマネジメントは行われず、同一組織内でもタスクが増えた場合に稼働調整をすることなく、稼働時間の限界を超える多くの役割の兼務が当たり前になっている。
このように、プロジェクトにとってのControl機能は自分達で解決できない変化に対して、適切な対応を行ってもらえないため、「統合ＥＰＭＯ」に協力するメリットに乏しい。Facilitation機能に関しても〝余計な管理工数〟という認識があり、できるだけ当たり障りのない報告にしようとする。そのため、経営層がすべき判断（Judgement）のための重要な情報がタイムリーにあがってこない。

この日本企業におけるControl機能領域の歴史的経緯や蓄積が、「統合ＥＰＭＯ」を有効に機能させることを難しくしており、ひいては日本企業が〝プロジェクト型変革〟を不得意にしている大きな原因の１つである。Control機能領域を、合理的な企業マネジメントの仕組みとして確立してきた海外企業と同じようなアプローチ、つまり、ある程度仕組みが完成したControl機能領域とFacilitation機能を繋げるという解決方法は成立しない。

そのため、少なくとも〝プロジェクト型変革〟の部分だけは他の予算やリソース管理と切り離して、Control機能における変更の発生を前提とした意思決定やリソース配置ができるようにすることと、プロジェクトとの信頼関係に基づくFacilitation機能の整備を行うことが必要であろう。稟議関連プロセスや人事関連プロセスをすべて、同時に変更することはリスクが大きい。

以降の各節では、「ＦＣＳＬモデル」の４つの機能群について解説していく。

「統合EPMO」が支えた全社変革

企業グループ力強化のための子会社の全社変革

Ａ社は兆円企業の事業子会社で、全国に拠点を持ち、数千名の社員をかかえるサービス業を生業としている。親会社の事業部を分社化した企業で、事業はおおむね順調であったが、顧客重視のあまり大口顧客向けのカスタマイズや追加業務を無償で提供するなどにより利益率が低迷していた。また、近年の巨大企業の例にもれずグループ力の強化が求められ、それに向けた企業体質改善を行うために本社から現場叩き上げの40代後半の新社長が送り込まれた。

●1年目：中途半端な結果に終わる兼務プロジェクトと、社長の思いとのギャップ

社長は、着任初年度に、事業部や管理部など既存組織に対して課題を振り分けて、〝収益性の可視化〟、〝既知の問題点に対する改善〟など、期間を半年に区切って、およそ10個のプロジェクトを立ち上げた。これらは、既存業務のある組織への追加オーダーであり、原則として、現業と兼務であった。

ほとんどのプロジェクトは、面従腹背や、最低限の工数でお茶を濁すようなこともなく、真面目に取り組んだ。しかしながら、半年のプロジェクト期間を終えて出てきた成果物は、全体的に情報収集・分析や対策検討の踏み込みが甘く、次のアクションを具体化し、意思決定するレベル

に達していなかった。そうなった理由は大まかに4つあった。

1▶プロジェクト開始前の企画・計画立案が不十分で、〝ゴール設定〟と〝計画策定〟がなされないまま、走りながらプロジェクトを進めていたこと。

2▶〝兼務〟であることに加え、〝タスク〟や〝期限〟が不明瞭なため、メンバーに余裕がある時にはよいが、余裕がなくなると作業品質の低下や、遅延が発生したこと。

3▶業務改革、収益構造分析など、〝変革活動に関する経験や専門性〟がなく、手探りで進めたプロジェクトが多くあったこと。

4▶問題点を一気に特定したり、改善したりしようとして、社長がやりたいことが多すぎたこと。

その後、各プロジェクトの結果をもとに、社長と経営企画部門が中心となって、翌年度の取り組みテーマを1枚にまとめた「経営戦略マップ」を作成した。

●2年目に向けて：幹部全員による、プロジェクトポートフォリオの作成と優先順位付け、そして、選択と集中

社長は、初年度の教訓から、次年度にプロジェクト中心の組織への転換を行い、変革プロジェクトの遂行能力を高める構想を固めた。そのことを、個人的な付き合いのあったコンサルティング会社に話したところ、「発想は悪くないが、このまま進めると高確率で失敗する」という指摘

を受けた。主な指摘ポイントは以下である。

A▶取り組みテーマの内容の定義がなく、社長と経営幹部、経営幹部間で共通認識がなく、社長の思いと異なるプロジェクトが生成される。

B▶取り組みテーマが質・量ともに多すぎ、また、経営幹部が、社長の指示はすべて実行するというスタンスで、優先順位がないため、兼務は減らずリソースの〝分散投入、各個撃破〟に陥る。

C▶要員リソース管理が行われておらず、プロジェクト中心の組織にしたとしても、兼務状態や稼働負荷状態が分からず、対策が打てない。

D▶取り組みテーマが、企業全体にまたがっているが、それらの依存関係が考慮されておらず、実行可能な計画にならない。

E▶社員が未経験の取り組みテーマが多く、指南役がいないと、無駄な時間をかけて、品質の低い成果物になる。

これらA～Eの問題を回避するために「統合ＥＰＭＯ」の考え方に基づいて進めることにした。当初、社長としては、取り組みとして残したものはすべて重要なものであり、それを減らしたくはなかったが、コンサルティング会社から「１００個のプロジェクトをやって１つの結果も出ないのと、10個のプロジェクトをすべて成功させて結果を出すのと、どちらを選択すべきですか？」と言われ、〝選択と集中〟を行うことに合意した。

そして、〝選択と集中〟にあたっては、経営幹部全員に参画させ〝自分達が議論して決めたものである〟という〝オーナーシップ〟を持たせることを重視して、午後いっぱいをかけた研修とワークショップを行った。

ワークショップでは、最初に社長の思いを伝え、次に全社変革のプロジェクトの難しさと成功の鍵を伝え、その後4〜5人のグループに分かれて、取り組みをプロジェクトに分解したものを付箋に貼り、プロジェクトポートフォリオを作成した。その結果、プロジェクト間の依存関係（前後関係）により同時並行で進められないものが多いこと、優先的に実行すべき（あるいは実行できる）プロジェクトは意外と少ないことが分かり、〝選択と集中〟の機運が高まった。

そして、ワークショップの結果をとりまとめ、翌年度に取り組むテーマと、それを構成するプロジェクト、その優先順位を決定し、プロジェクトのリーダーがアサインされた。なお、〝選択と集中〟の結果、プロジェクトは当初の半分以下になった。

プロジェクトリーダーは、コンサルティング会社の指導のもとプロジェクトの背景や目的、ゴール、スコープ、他の取り組みとの関係などを10ページ足らずにまとめた〝プロジェクト定義書〟を作成した。〝プロジェクト定義書〟の内容を検討する過程で、プロジェクトリーダーが結果を出すために必要なことを考え、〝オーナーシップ〟が醸成されていった。

ここまでの内容は「統合ＥＰＭＯ」のControl機能のリソースマネジメントを除いたものである。本事例では、初期状態があまりに混沌としており、リソースマネジメントは次のステップで実行された。

●2年目：「統合EPMO」組織と、プロジェクトの立ち上げ～社員中心の運営へ

その後、大きく3つの活動により、プロジェクトのスムーズな立ち上げとマネジメントを可能にした。

1つ目は、プロジェクトへの要員リソースの割り当てと、割り当てきれなかったプロジェクトの調整である。50名を超えるプロジェクトのコアメンバー全員について、各月の現業とプロジェクトの稼働率（複数プロジェクト兼務の場合は、プロジェクトごと）を1年分可視化し、要員の稼働負荷が原則１００％に収まるようにした。最初に集計した時には過半数のメンバーが１５０％超えとなっていたが、プロジェクトのあと送り、目標の引き下げ、作業期間の延長などの手段により、プロジェクト全体のボリュームが下がり、さらに〝選択と集中〟が進んだ。また、毎月アップデートすることにより、ＣＯＶＩＤ－19下の厳しい環境にも適応することができた。これは、「統合ＥＰＭＯ」のControl機能のリソースマネジメントと、それを受けたプロジェクトポートフォリオの見直しにあたる。

2つ目は、いくつかの高難易度・重要プロジェクトに対する、アドバイザーの投入である。類似プロジェクトの経験者であれば、簡単に作業タスクの分解やスケジュール策定、プロジェクトリスクの特定、重要ステークホルダーとの調整などを行うことができる。1プロジェクト当たり20～40％のアドバイザーを投入することにより、これらの、後工程でトラブルになると大きな問題や工数、コスト、スケジュール増大をもたらす要因を軽減することができた。また、後日、あるプロジェクトリーダーは、「アドバイザーがいなければ、プロジェクト立ち上げのプレッ

シャーで、メンタルを損なっていたかもしれない」と語った。

これは、「統合ＥＰＭＯ」のSupport機能のタレントの投入や、プロジェクトメンバーのモチベーション向上にあたる。

３つ目は、プロジェクト横断のマネジメントの仕組み作りと体制確立で、進捗やリスクの可視化のテンプレートの作成・導入や、各プロジェクトリーダーとの信頼関係の構築を行い、プロジェクトの進捗をマネジメントすることに加え、多数発生した環境変化によるプロジェクトの優先順位見直しや本社プロジェクトへの参画などにタイムリー、かつ、適切に対応を行った。

これは、「統合ＥＰＭＯ」のFacilitation機能にあたる。

こうして「統合ＥＰＭＯ」の基本的〝仕組み〟や〝仕掛け〟が安定運用できるようになった後、３名（工数は２・５人）の社員で実施された。

●後日談

この企業での〝プロジェクト型変革〟のマネジメントは、グループ企業の中でも特に優れていると評価され、「統合ＥＰＭＯ」チームのメインメンバーであった人は、〝本社幹部社員〟に大抜擢された。

第3節　経営層とプロジェクトの間を取り持つFacilitation機能

〝プロジェクト型変革〟をマネージするための基礎機能

Facilitation機能は、プロジェクトが日々の活動に対して、経営層の意図を汲み取りつつ、自律的に推進できるようにすることと、プロジェクトと「統合ＥＰＭＯ」間の信頼関係に基づいて経営層がControl機能の中でJudgementを行うために必要な情報をタイムリーに取得する役割を担っている。経営層が戦略に基づいてプロジェクトの成功率を高め、効率的にリソースを活用するための中核機能であるControl機能を有効に働かせるための前提条件とも言える組織機能であり、最初に確立すべきものである。

その一方で、すでに述べたようにFacilitation機能を、単純に経営層のためのプロジェクト状況の可視化としてとらえ、プロジェクトからの情報収集と、とりまとめの作業が目的化してしまっていることが多い。可視化は大切だが、何のために可視化するのか、そのために必要十分な情報は何かという考察が足りていないと、質の低い情報やJudgementに寄与しない大量の情報を集めたりすることで、成果をあげるどころか、かえってプロジェクトの負荷を高めてしまうことになりかねない。また、ＥＰＭＯを導入したが廃止した、あるいは、意思決定に貢献していないと回答した企業の多くはこの状態に陥っていた。

Facilitation機能の仕事は、プロジェクトの監視や監査ではない

「統合ＥＰＭＯ」は、突き詰めると、経営層が〝プロジェクト型変革〟をマネージすることを支援する組織であり、経営層の意を受けて動く組織である。そして、ＥＰＭＯが経営層の威を借りているように見える行動をとると、プロジェクトは本音を隠すようになり、また、できるだけ情報を出さないようにして経営層に目をつけられないように行動するようになる。

もちろん経営層もそのことは承知している。筆者は、さまざまな業種の経営層と話をしてきたが、プロジェクトに関する進捗などの報告が、正しい情報だと信じている人に会ったことがない。誰しもが、プロジェクト側の心理を理解しているわけではないが、結果として報告内容は、大なり小なりまずい部分を隠したり、実際よりもよく見せたりしていると思っている。

いくら「責任問題にしないので、ありのままの状況を報告してほしい」と言っても、〝ネガティブ情報〟を報告することに対する忌避感が強い組織では、早い段階で問題の兆候をつかむことは難しい。ある企業の管理職が「自分の会社の中で、ネガティブな報告をすることは、文字通り命取りになる」と言っていたが、大なり小なりそういう傾向がある日本企業が多い。

もちろん、外資系であっても、いきなりオフィシャルな場で〝ネガティブ情報〟を報告することに関しては過剰反応されるリスクがある。その一方で、〝ネガティブ情報〟の報告タイミングが遅い、特に手遅れになってから報告すると、〝任せるとリスクのある人材〟というレッテルを貼られてしまうし、評価も大きく減点され、重要な役割から外される。では、健全な外資系企業では、どうするかというと、プロジェクトの成功に対して組織的な責任を持つ上長（主に経営層

図5-9　上手くいっていないEPMOはプロジェクトからこう見えてる

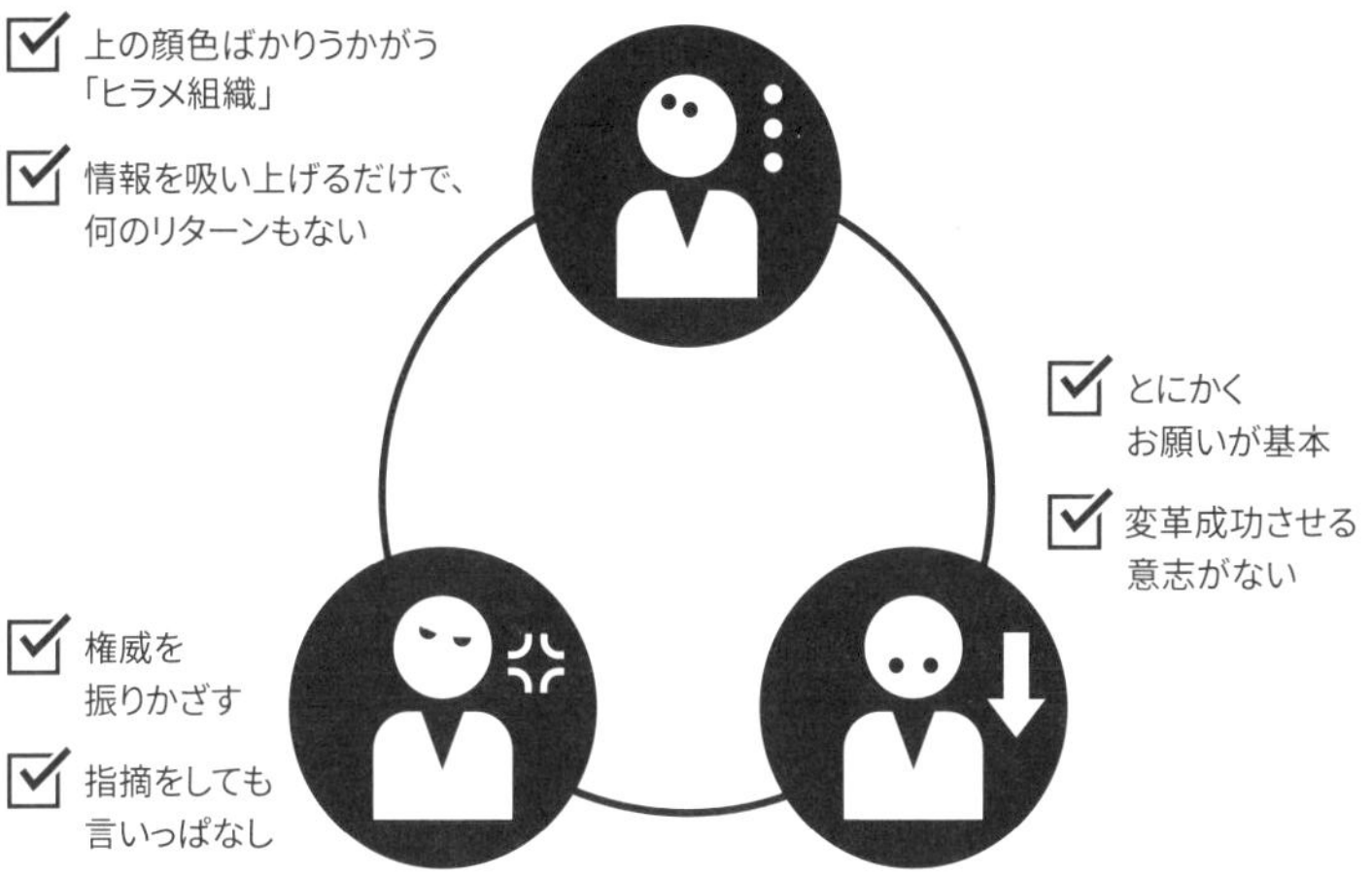

クラス）を巻き込んで、一緒に問題解決を図るのである。

　具体的には、できるだけ早い段階で上長に対してアンオフィシャルな〝相談〟をしておく。そして、上司を巻き込んで問題の早期解決を図りつつ、経営層に対する〝ネガティブ情報〟の開示のタイミングや方法を検討する。外資系企業で、そうした動きが比較的普通にできるのは、本来のマネジメントである「組織に成果をあげさせる、道具、機能、機関」という考え方が浸透していて、責任追及よりもリカバリーが優先されるからである。

　しかしながら、このような、健全なアンオフィシャルなプロジェクトと経営層の間のコミュニケーションは、ほとんどの日本企業においては自然発生的にできることではない。このようなコミュニケーションの土壌や場を作るのが、Facilitation 機能の重要な仕事の1つである。

　これが機能する前提としてすでに述べたように、日本企業の〝一度稟議を通ったあとは、現場の責任〟という考え方は、〝変化や変更が発生するのは当たり前で、組織全体として、いかにして変化に対応していくかが重要〟という考え方に変えていく必要がある。

価値のある情報はプロジェクトに利益をもたらすことと引き換えに得られる

　プロジェクトは経営層や「統合ＥＰＭＯ」に対して、表面的には弱い立場にあるが、事件は現場で起きている。都合の悪い真実はそこにいる人にしか分からない。プロジェクトと協力関係や信頼関係を築いていないと、プロジェクトから正しい情報があがってこないし、経営層の意図が正しくプロジェクトに伝わらず、早い段階でのプロジェクトの救済もできない。Facilitation 機能は、そこから必要な情報の流れを作り出す働きを担っている。

　見方を変えれば、プロジェクトから経営層の走狗と見られているFacilitation 機能は表面的にはプロジェクト横断の可視化を行い、経営層へ報告することで役割を果たしているように見えるが、本来の目的であるプロジェクトの成功率の向上には何ら寄与していないのである。

　プロジェクトの中にある本当に重要な情報を引き出し、それを適切な形やタイミングで経営層の意思決定に役立てるためには、まずプロジェクトにとってFacilitation 機能のメリットを感じさせる必要がある。Facilitation 機能があるからこそ、自分達の仕事が進めやすくなり、経営層とのコミュニケーションも良好になって、報告などにかける工数が多少必要となってもそれは許

図5-10

信頼関係に基づくEPMO（経営層・プロジェクト間ファシリテーション）の主な活躍場面のイメージ

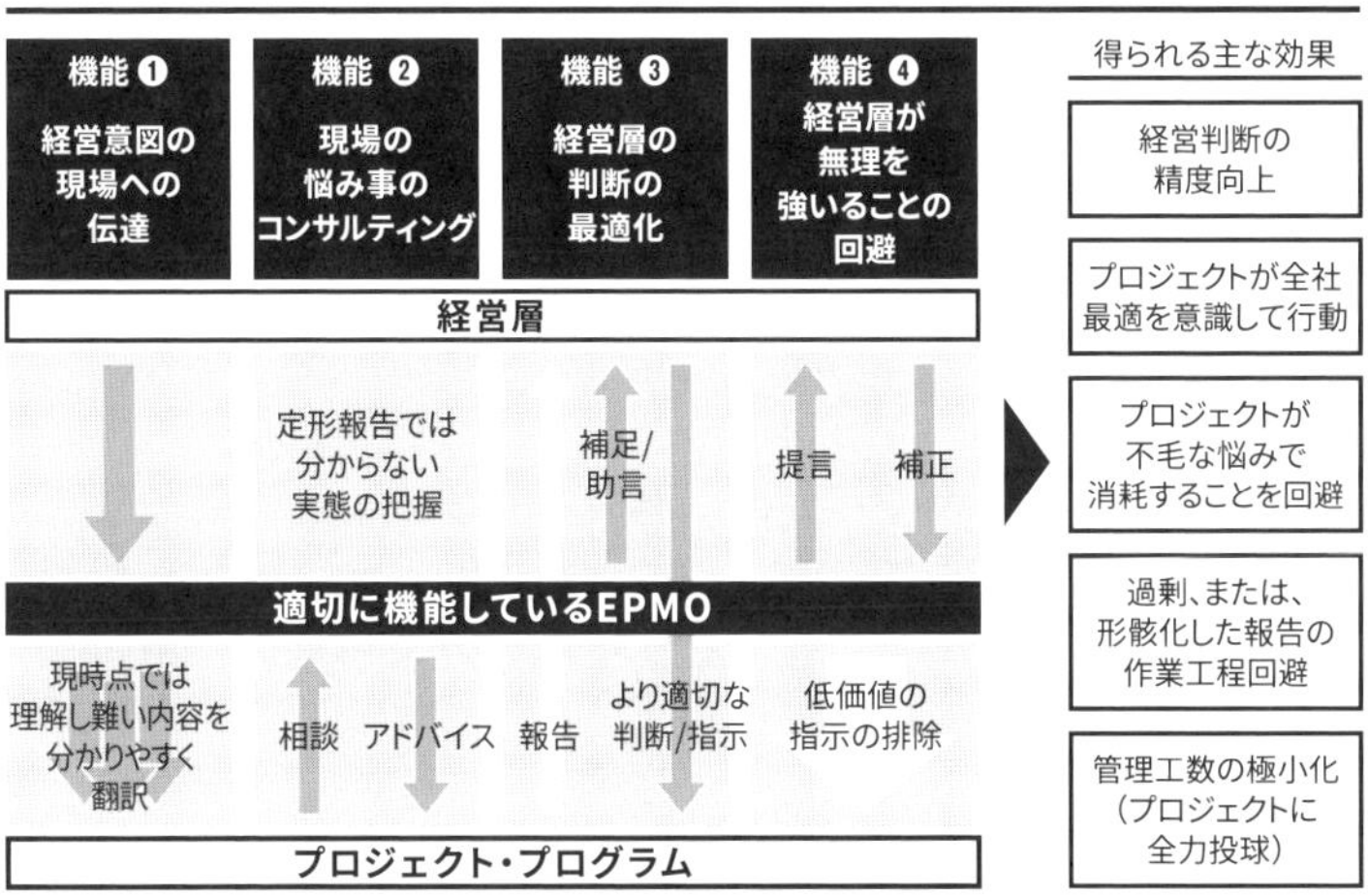

容範囲であると思わせなければならない。そのため、Facilitation機能を含む「統合ＥＰＭＯ」には、少なくとも準エース級の能力を持ったある程度の人数が必要になる。

Facilitationの主な機能

Facilitationの主な機能は図５－10に示したように４つ存在する。

①　経営意図の現場への伝達

１つ目は、経営層の意図を正しくプロジェクトに伝えることである。〝言葉〟は情報量の少ないコミュニケーション手段であり、双方があうんの呼吸に近いレベルに達していないと、〝言葉〟だけでは深い意図まで正しく伝わらない。経営層の意図を正しく理解し、それをそれぞれのプロジェクトの受け手に合わせて翻訳して伝えることが必要である。それができていないと、プロジェクトは表面的な〝言葉〞に過剰反応して、経営層の意図とは別の方向に向かう危険性が高い。

筆者が、社長が強いリーダーシップを発揮していた、ある大企業の組織再編の「統合ＥＰＭＯ」の支援をしていた時は、社長主催のステアリングコミッティが終わったあとに、各部門の企画部長・課長から〝社長のお言葉〞の解釈に関する問い合わせが多数あった。そういう時に、きちんと社長の意図を汲んで説明することもFacilitation機能の１つである。

② 現場の悩み事のコンサルティング

２つ目は、プロジェクトにおける、ちょっとした、しかし放置しておくわけにはいかない悩み事のコンサルティングである。悩み事として多いのは、何をいつ報告するかということである。進捗の遅れや、技術的なトラブル、要員リソースの不足などについて、「統合ＥＰＭＯ」が一次相談窓口として、アドバイスしたり、場合によっては、非公式に経営層に相談したりすることにより、プロジェクトが悩むことに時間を費やすことなく、前に進むためのサポートができる。リーダーは、いい上司に恵まれなかったり、サポートする組織風土がなかったりすると、孤独になりがちである。孤独な状態で、悩みや問題を抱えると、負のスパイラルに陥り、急速に状況が悪化する可能性が高い。

③ 経営層の判断の最適化

３つ目は、経営層に対するレポーティングであるが、経営層が適切な判断をするためには、表面的かつ事務的な情報だけでは十分とは言えない。付加価値を付与しなければならない。ここで生きてくるのが、②の現場の悩み事のコンサルティングである。現場の人達とディスカッションし、それをもとにして、報告書類の文面に書ききれていない内容に対する補足や、経営層に対する助言を行う。

④　経営層が無理を強いることの回避

４つ目は、プロジェクトにとっての防波堤である。経営層からの無理難題や、プロジェクト運営上で利益より害のほうが大きい要求の防壁になる。後者に関して、最も多く見られるのは、経営層からの調査の要求である。経営層が軽い気持ちで知りたいと思うことで、その調査に多大な工数がかかるものなどが相当する。Facilitation 機能は経営層の Judgement に本当に必要な情報なのか、それにかける工数がプロジェクトの作業効率、ひいては成功率にどのような影響を与えるかを経営層に理解させる必要がある。レポーティング業務が過剰、過負荷にならないようにすることは、プロジェクトにとってありがたいことであり、ＥＰＭＯとの信頼関係を厚くする。

Facilitation でやってはならないこと

最後に Facilitation を上手く機能させるために、決して〝やってはならないこと〟について記述する。

■プロジェクトマネジメントと重複させない

管理の意識が強まると、プロジェクトのスケジュール管理や課題管理、リスク管理などにも踏み込みがちだが、これらは個々のプロジェクトで行われている。Facilitation 機能がそこに加われば、二度手間になる上に、プロジェクト側に無駄な負荷をかけることになる。屋上屋を架すものであり、誰にもメリットがない。

また、プロジェクトマネジメントレベルの情報は経営層にとっては詳細、かつ、膨大すぎる。経営層には Judgement が必要な場合に、関連する詳細情報を提示する。

Facilitation 機能の担当者は詳細なスケジュールや課題、リスクを常時管理するのではなく、経営層の把握・対処が必要となる兆候を掴んだ時に、速やかにプロジェクトにアプローチして定時報告だけでは見えない現場の実態を知ることが求められる。そのために日々、情報交換をしたり、プロジェクトの相談に乗ったりする関係を維持しておく必要がある。

■プロジェクトとの信頼関係を裏切らない

非公式に入手したオープンになっていないリスク情報などを、プロジェクトの合意なしに経営層に報告すれば、信頼関係が損なわれることになる。

Facilitation 機能の担当者に期待されているのは、あくまでニュートラルな対応である。経営層に必要な情報を提供するだけでなく、例えば経営層にアンオフィシャルな相談をすることで助力を得たり、変更を承認してもらったりするのを助けたりと、プロジェクト側にも有益な情報を提供・サポートする必要がある。

例外は、プロジェクトがネガティブな内容を隠蔽して、早期対処ができないような動きをする場合である。この場合はプロジェクトが意図的に企業に損害を与えようとしているわけで、処断が必要だが、そうした事態にならないようにすることがFacilitation機能の仕事でもある。

第4節　プロジェクトの成功率と回転率を高めるControl機能

トップダウンで複雑な変革をマネージするための中核プロセス

Control機能は、「変化適応型マネジメントメカニズム」を構成する2つのメカニズムのうち、主に「〝完璧〟を求めないマネジメントの〝仕組み〟（メカニズムⅠ）」を実現するための仕組みやプロセスの集まりである。経営層が、Facilitation機能が収集してきた情報に基づいて、戦略的な意思決定、Judgementを行うことを支援する。具体的には、プロジェクトの基本的な優先順位付け（プロジェクトポートフォリオマネジメント）や、プロジェクトに投入する人材や資金などリソースを把握し、やりくりする（リソースマネジメント）ことが中心となる。これらの組織機能とプロジェクトの評価や意思決定プロセスを整備することによって経営層が、多数のプロジェクトからなる変革活動において、変化に対応して有限であるリソース（ヒト・カネ）の最適化を図り、〝組織としての成果の最大化〟を行えるようにする。

プロジェクトポートフォリオマネジメントとは、取り組むべきテーマ（プロジェクト、あるいは、プロジェクトを束ねたプログラム）を特定して、そのテーマを実行した時の価値（あるいは、実行しなかった時の損失）と、それを実行するための投資の概算見積もりを行い、案件ポートフォリオを作成して優先順位付けをすることである。これは英語ではＰＰＭ（Program/Project and Portfolio Management）と呼ばれており、当初はＩＴシステムの案件管理から起こり、現在はＩＴに限らず〝プロジェクト型変革〟全体の管理手法として一般的なものになっている。

全社レベルのＰＰＭを実行する場合は、多くても20～30程度のプログラムにまとめることが望ましい。なぜなら、ポートフォリオは意思決定の補助ツールにすぎず、最終的な判断（Judgement）は経営層が行わなければならないため、人間が優先順位付けできる数に抑える必要があるからである。

また、ここには経営層がJudgementするべきテーマのみがあげられる。例えば、金融機関などであればＩＴシステムのプロジェクトだけでも数百件を超えることは珍しくないが、これらの多くは戦略的な投資ではなく、維持・改善のための費用であり、経営層が１つ１つをJudgementしなければならないものではない。逆に言うと、戦略的な投資費用と現状維持・改善費用は最初から別個の予算枠として、分けておく必要がある。

なお、Control機能の要点は、基本的には以下の４つである。

①　取り組み＝プロジェクトの価値を評価すること
②　やりたいこと（需要）の基本的な優先順位付けを行うこと
③　やりたいこと（需要）とやれること（供給）のバランスをとって実現性の高いプロジェクトを組成すること

④　状況変化に柔軟に対応して常に効率的なポートフォリオやリソース投入を維持すること

ＤＸを筆頭に、現代の企業変革は、部門横断で複雑な取り組み（プロジェクト）の組み合わせによって成り立っており、また同時に、プロジェクトの変更や入れ替えなどの変化が必ずといっていいほど発生する。そのため、少額の初期投資段階から、大金をかけた本格構築や導入まで性格の異なる〝プロジェクト〟が混在することと、頻繁なプロジェクトの見直しとそれに伴うリソース再配置の発生が、Control機能を難しくしている。

①　〝変革プロジェクト〟の価値評価（Valuation）の難しさ

これまで、不確実性の高い環境下では最善の努力をしても成功しないケースが不可避であることを述べてきた。また、一方で、日本の完成された稟議システムの多くにおいて、プロジェクトの価値はＲＯＩやＮＰＶなどの、未来の成果がほぼ確実に得られることを前提に計算する方式によって評価されることについても述べてきた。その結果、未来がどうなるか分からないにもかかわらず、成功する前提で無理やり〝鉛筆をなめて〟投資の価値があるようなＲＯＩやＮＰＶを算出することが多い。

これは、起案側の現場が不正を行っているというよりも、経営層も将来が見通せないことを承知しており、稟議プロセスのルールに則って企業運営を行うために黙認していることが多い。

この問題に関しては、海外企業では一般的なシナリオプランニングや段階的意思決定によって、投機性が高い投資のリスクを限定しつつ、企業の将来を創造するためにリスクテイクする仕組みに変えていくか、稟議プロセスの1オプションとして投機性の高いプロジェクト向けのルールを作ることが必要である。

なお、従来の稟議プロセスで進めた場合に、今後直面することは、案件の増加や成熟度の上昇につれて効果測定が求められ、〝鉛筆をなめて〟作った目論見に対する検証を行うという無駄な作業が発生することである。現在は、ＩＴシステム関連の〝変革プロジェクト〟、例えばＳＦＡ（Sales Force Automation：営業支援システム）やデジタルマーケティング基盤などについて、経営層が投資効果が出ていないと感じて、それを検証するための元情報が稟議時点の企画書しかなく、〝鉛筆をなめて〟作った企画書の評価を行っていることがある。それが、ＤＸやニューノーマルを含めたすべての〝プロジェクト型変革〟に波及すると無価値な作業に多くの工数をとられることになる。

② 1つのポートフォリオで優先順位付けすることの難しさ
――ポートフォリオ分割の必要性

①で述べたように、現在の企業変革が置かれている環境では、投機的なプロジェクトと、ほぼ確実に成果をあげるべきプロジェクトが混在することになる。また、1年目は投機的であったものが、取り組みのステージが進むことにより、2年目以降はほぼ確実に成果をあげるべきプロジェクトに変わるようなパターンが増加していく。

図5-11　**R&Dとプロジェクト型変革の類似点**（重視するポイント）

	前半戦	後半戦
R&D（研究開発）	**Research（研究）** •自社戦略との合致 •適切なテーマの入れ替え •成功率の向上　など	**Development（開発）** •顧客ニーズへの適応 •素早い市場投入 •量産性/効率性　など
プロジェクト型変革	**企画～試行** •自社戦略との合致 •適切なテーマの入れ替え •成功率の向上　など	**開発、構築、導入、展開** •QCD（品質、コスト、納期）遵守 •変化に対する柔軟な対応（最悪撤退含む）　など
特に重要なポイント	▶選択と集中 ▶ポートフォリオ組み換え	▶プロジェクトの柔軟性 ▶必要リソースの確保

これらを、１番からｎ番まで、プロジェクト価値の順番に並べた一覧表で、優先順位付けしていくことは現実的ではない。日本企業において、〝変革プロジェクト〟に関しては前述の異なるステージにあるものを管理することに慣れておらず、混乱している企業も多い。しかしながら、多くの日本企業で、こうした状態で案件管理やポートフォリオ管理をしている部門、あるいは、組織機能がある。それはＲ＆Ｄ（研究開発）である。

Ｒ＆ＤのＲ（Research）は、基礎研究や、顧客ニーズや用途が明確ではない尖った製品やサービスのＰｏＣなどが相当し、これらに関しては将来的なリターンは期待されているものの、精密なＲＯＩを無理に作成する必要もなく、経営層からも先行投資や初期投資として見られていることが多い。ただし、無原則・無管理の状態で先行投資や初期投資を増やすと企業の業績を圧迫することになる。

Ｄ（Development）は、市場に投入する製品やサービスの設計・構築・導入が相当し、これらに関しては儲け（利益）を得ることが前提の活動なのでＲＯＩやＮＰＶなどを厳しく見られる。

不確実性が高い時代においては、〝プロジェクト型変革〟にも同様の分割が必要である。Ｒに相当するプロジェクトと、Ｄに相当するプロジェクトの予算枠を分け、それぞれについて優先順位付けをするためのポートフォリオを作成する必要がある。

Ｒに関しては、市場動向を見つつも、経営層の戦略がダイレクトに反映されるものであり、ＤＸやニューノーマルに関してやりたいことがたくさんある一方で、それをいかにして現実的に実行できる範囲に絞り込むかが重要となる。また、ここでは、多くの〝外れくじ〟の中から、いかに早く〝当たりくじ〟を引くかが最も重要になる。そのためには、自社の戦略やケイパビリティに沿ったテーマに関して、たくさんやりたいことをこらえて、結果を出せるだけの数に〝選択と集中〟を行う。その代わりに〝ポートフォリオマネジメント〟を徹底して、狭い領域に過度に集中することを回避したり、成功の見込みが低くなったものを新しいテーマに入れ替えたりして、全体の成功率を高めていくことを目指す。

Ｄに関しては、顧客ニーズに合ったものをいかに早く市場投入するかが重要となってくる。ここで、リソースを薄く配置して、多数のプロジェクトを並行して進めた場合、プロジェクトの成功率が低下することに加え、期間が超過することによりビジネスの機を逸することになる。そのため、必要リソースの確保が必須要件となり、その中でも増量が難しい人的リソースのリソースマネジメントを行う必要がある。また、Ｒほど激しくないにせよ、Ｄにおいても、状況は刻一刻と変化しており、プロジェクトの変化への柔軟性は不可欠である。

筆者が関わった巨大新規事業で、社長の鶴の一声でターゲット顧客層が変わり、わずか2週間ほどでサービスやオペレーションの再設計、営業体制の変更などを行って成功したことがあった。この意思決定や変更に対処する能力がなければ、おそらくこの事業は失敗していたと思われる。

③ 需要（ポートフォリオマネジメント）と供給（リソースマネジメント）のバランスをどうとるか

社会が大きく変わる現在、予算や人的リソースの制約がなければ〝やったほうがよい〟プロジェクトは多数存在している。一方で、投資できる予算には限りがあり、難しいプロジェクトを成功に導くリーダーやコアメンバーにも限りがある。そのため、〝選択と集中〟が不可欠であるが、上手くできている日本企業はあまりない。②のポートフォリオマネジメントでやりたいことの優先順位付けはできたとしても、それと経営リソース（特に要員リソース）との紐付けができず要員稼働を含む体制が立ち上げられないままに、稟議承認を得てプロジェクトが始まってしまうことがあまりにも多い（図５－12の留意点③）。

どういうことかというと、稟議において予算などと併せてプロジェクト体制図や、場合によっては要員工数まで記載された計画書が付議されることがあるが、ほとんどの日本企業で要員リソースの確保が担保されていない。つまり、稟議承認を得ることで予算に関しては確保されてい

図5-12

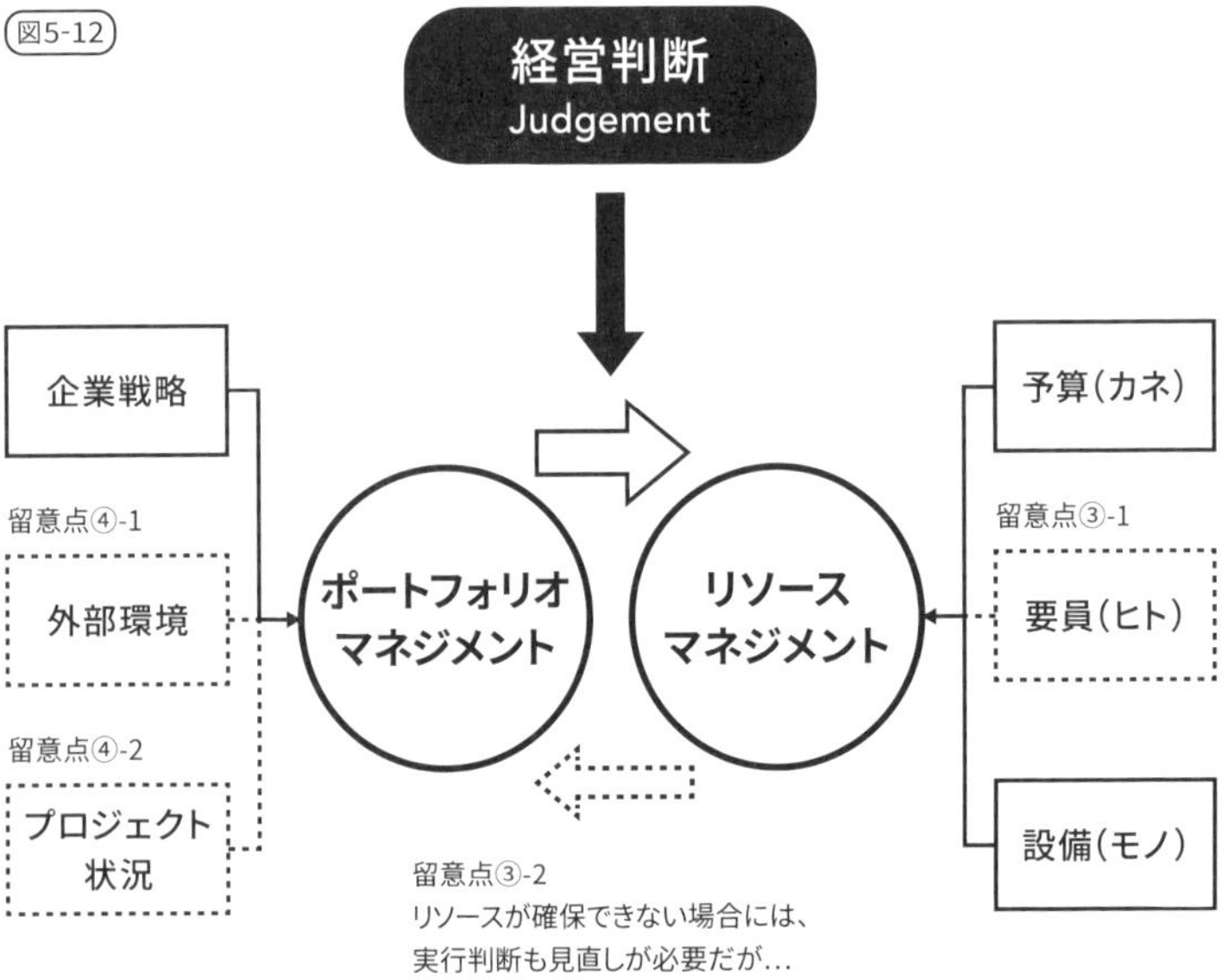

るが、要員体制についてはプロジェクト実行計画が具体化されてから調整される。そのため、すでに他のプロジェクトに配属されていたり、現行組織の既存業務で手一杯だったりするため、当該プロジェクトを成功させるために必要な稼働を投入できないことが頻発している。この問題は、近年DXなどでプロジェクト数が増加傾向にあるため、悪化の一途をたどっている。

実例をあげると、ある大型プロジェクトにおいて、プロジェクト参画者は10名以上いたが、リーダーを含め全員が兼務で、各メンバーがどれだけの稼働をプロジェクトに投入可能か分かっていない状態であった。また、ある小型プロジェクトでは、会社にとって戦略的なテーマにもかかわらず、プロジェクトリーダーは5つのプロジェクトを兼務しており、メンバーはすべて外部パートナーということが発生していた。この場合は、プロジェクトリーダーである社員は外部パートナーの管理業務が主になり、内容についてリードする余裕はなかった。

これを回避するためには、１つの絶対的なルールを導入することが求められる。それは〝リソースの当てがついていないプロジェクトは実行しない〟ということである。単純なルールであるが、影響は大きい。稟議で通った予算が浮く、ポートフォリオの見直しが必要、特に優先度が高いプロジェクトの場合は他のプロジェクトを解体してでもリソースを確保しなければならないなど、多方面に重大な影響を与える。これを、リソースの当てがついていないプロジェクトそれぞれについて行うのは、必要な調整の手間やリードタイムを考えると現実的ではない。

ではどうすればよいのかというと、シンプルな答えになる。プロジェクト起案段階で、開発者が事前に情報連携を行い、リソースの当てをつけた上で企画を作成し、ポートフォリオマネジメントや稟議を行うように、順番を変えるのである。少なくとも「統合ＥＰＭＯ」でマネージすべきプロジェクトに関しては、誰がやっても同じではなく、優れたリーダーやタレントといったヒトの能力が成功率や成果の品質に多大な影響を与える。できないヒトを何人投入しても、できるヒトを１人投入することには勝らない。

ある外資系企業が問題を起こした日本支社の立て直しプロジェクトを実行した時、責任者が受諾・赴任の唯一の条件としたのが、日本支社の幹部の１人で、日本のトップパフォーマー、かつ、グローバルマインドセットを持ったタレントを変革メンバーとすることだった。この責任者は、日本人幹部と一切面識はなかったが、米国本社で状況確認中に変革成功のために不可欠であると判断し、この幹部を最大限活用して3年で売上を2倍にした。

また、リーダー、タレントに加えて、メンバーも含めた工数の確保も非常に重要である。本来であれば、稟議承認までに、質・量ともに要員リソースの確保を担保するのが理想であるが、否決されるプロジェクトもあるため、リソースの最終化は承認後になることはやむを得ない。ただし、要員リソース確保の当てもなく名前だけ書いて稟議にあげるという行動はいただけない。プロジェクトを成功させるために必要なキーパーソンを代替候補も含めて特定し、稼働状況を把握しておく程度のことはすべきである。稼働状況も把握せずに、「稟議が通ったから、あとはよろしく」というのは無責任にすぎる。

これらへの対応策の１つが「統合ＥＰＭＯ」による、プロジェクト関係者のリソースマネジメントである。これは社員全員を対象にするものではなく、「統合ＥＰＭＯ」の対象となるプロジェクトに参画する要員に関して、参画するすべてのプロジェクトと現業の稼働を一覧化して、稼働超過にならないよう調整するものである。プロジェクトワークは残業になりがちであり、基本的に稼働率は１００％以内に抑える必要がある。短期間無理をさせるとしても１２０％までである。なお、「統合ＥＰＭＯ」が管理するプロジェクトは多くても30程度、対象要員は２００〜３００名程度が現実的な上限である。

図５－13はある企業でリソースマネジメントとリソース調整を行った実物の一部で、対象人数は約50名であった。当初は過半数が１３０％以上であったが、プロジェクトのとりやめ・延期・目標レベル低下などについて社長を含めた幹部と議論して、〝実行可能な量〟に絞り込んだ。

図5-13　**リソース管理表のイメージ**

プロジェクトリーダーは、プロジェクト計画フェーズ終了までに、
各プロジェクト別リソース管理表に、個人ごとに各月に必要となる工数を記入する。

			4	5	6	7	8	9	10	11	12	1	2	3	Total
			立上げ	計画	実行							終結			
1	PJ C	サンプル14	1.0	1.0	1.0	1.0	1.0	1.0	1.0	1.0	1.0	1.0	1.0	1.0	12.0
1	PJ C	サンプル15	1.0	1.0	1.0	1.0	1.0	1.0	1.0	1.0	1.0	1.0	1.0	1.0	12.0
1	PJ C	サンプル16	1.0	1.0	1.0	1.0	1.0	1.0	1.0	1.0	1.0	1.0	1.0	1.0	12.0
1	PJ C	サンプル18	0.2	0.2	0.2	0.2	0.2	0.2	0.2	0.2	0.2	0.2	0.2	0.2	2.4
															0.0
															0.0
		Total	3.2	3.2	3.2	3.2	3.2	3.2	3.2	3.2	3.2	3.2	3.2	3.2	38.4

PMOは、全プロジェクトのリソース管理表をもとに個人ごとの工数を集計し、
必要に応じ、プログラムオーナーへリソースの確保・調整をエスカレーションする。

所属	メンバ	2020									2021			
	行ラベル	4	5	6	7	8	9	10	11	12	1	2	3	Total
組織1	サンプル23	1.0	1.1	1.1	1.1	1.1	1.1	1.1	1.1	1.1	1.1	1.1	1.1	13.1
組織2	サンプル8	0.9	1.1	1.1	1.1	1.1	1.1	1.1	1.1	1.1	1.1	1.1	1.1	12.8
組織2	サンプル11	1.0	0.9	0.9	0.9	0.9	0.9	0.9	0.9	0.9	0.9	0.9	0.9	10.7
組織2	サンプル35	0.8	1.0	1.0	1.0	1.0	1.0	1.0	1.0	1.0	1.0	1.0	1.0	11.8
専属	サンプル20	1.0	1.0	1.0	1.0	1.0	1.0	1.0	1.0	1.0	1.0	1.0	1.0	12.0
組織4	サンプル4	1.2	1.1	1.1	1.1	1.1	1.1	1.2	1.2	1.2	1.2	1.2	1.2	13.9
組織2	サンプル9	[illegible]	1.1	1.1	0.7	0.7	0.7	0.7	0.7	0.7	0.5	0.5	0.5	9.3
組織3	サンプル13	1.0	1.0	1.0	1.0	1.0	1.0	1.0	1.0	1.0	1.0	1.0	1.0	11.8
専属	サンプル19	1.0	1.0	1.0	1.0	1.0	1.0	1.0	1.0	1.0	1.0	1.0	1.0	12.0
組織2	サンプル7	0.9	1.2	1.2	1.2	1.2	1.2	1.3	1.3	1.3	1.3	1.3	1.3	14.7
組織3	サンプル12	0.9	0.9	0.9	0.9	0.9	0.9	0.9	0.9	0.9	0.9	0.9	0.9	10.6
組織5	サンプル1	1.1	1.1	1.1	1.1	1.1	1.1	1.1	1.1	1.1	1.1	1.1	1.1	12.9
専属	サンプル25	1.0	1.0	1.0	1.0	1.0	1.0	1.0	1.0	1.0	1.0	1.0	1.0	12.0
専属	サンプル14	1.1	1.1	1.1	1.1	1.1	1.1	1.1	1.1	1.1	1.1	1.1	1.1	13.0
組織1	サンプル27	1.1	1.4	1.2	1.2	1.2	1.2	1.2	1.2	1.2	1.2	1.2	1.2	14.5
専属	サンプル15	1.2	1.2	1.2	1.2	1.2	1.2	1.2	1.2	1.2	1.2	1.2	1.2	14.2
組織6	サンプル41	1.0	1.0	1.0	1.0	1.0	1.0	1.0	1.0	0.9	0.9	0.9	0.8	11.5
組織5	サンプル29	1.0	1.0	1.0	1.0	1.0	1.0	1.0	1.0	1.0	1.0	1.0	1.0	12.0
組織7	サンプル5	1.0	0.9	0.9	0.9	0.9	0.9	1.0	1.0	1.0	1.0	1.0	1.0	11.5

④大変だが、やると劇的な効果が出る変更対応

①〜③は、主に〝勝算〟が立っていないプロジェクトに対してバラマキ投資を行い、〝分散投入、各個撃破〟となることを防ぐためのものであり、〝やってみなければ分からない〟のではなく、〝やる前から上手くいかないことが決まっている〟プロジェクトが実行されるのを回避するところまでである。例えば、中期経営計画策定時に①〜③に力を入れて遂行しても、それだけでは本来得られるべきプロジェクト成果の一部しか手にすることができない。くどいようだが、現代の企業変革において、すべてが当初計画通りに進むことはない。変化に合わせて、常に最適なプロジェクト実行体制を保つ必要がある。

では、変化が発生した場合に何をすればよいのかというと、タイムリーなプロジェクト

ポートフォリオの見直し（ＰＰＭによるポートフォリオのアップデート）と、リソース配置の見直し（リソースマネジメントによる要員工数調整と要員再配置）である。

これを行うことによる、主なメリットは以下である。

ａ　上手くいっていないプロジェクトに対する、タイムリーに必要な支援により成功率を向上させることが可能

ｂ　上手くいっていないプロジェクトに対して、積極的に支援するよりも縮小や撤退して損失を極小化させることが可能

ｃ　環境変化により価値が低下したプロジェクトを縮小や撤退して損失を極小化させることが可能

ｄ　ｂとｃにより、要員リソースの余力が発生して、①の上手くいっていないプロジェクトへのリソース投入が容易

ｅ　ｂとｃにより、要員リソースの余力が発生して、新たな価値の高いプロジェクトを立ち上げることが可能

ＰＰＭに関しては、中期経営計画や企業ビジョン策定などのタイミングで、その時点のスナップショット的なポートフォリオを作成する企業は増えてきたが、日本企業でＰＰＭの継続的な運用が浸透しているかというと、図５－12の留意点④の外部環境変化（経済、災害など）や内部環

境変化（プロジェクトの進捗、品質など）を反映して、常にアップデートして、ポートフォリオの最適化を図っていることはほとんどない。

そして、ポートフォリオの最適化を妨げている原因の1つが、従来型の〝一括意思決定型の稟議プロセス〟と〝稟議通過後の変更を悪とする企業風土〟である。少なくとも、経営層がJudgementすべきプロジェクトに関しては、従来の稟議プロセスと別管理にするなどの措置をとらないと、ポートフォリオの見直しを行う担当者に忖度が蔓延し、客観的、かつ、公正に最新化することは困難であろう。

リソースマネジメントに関しては、そもそも、③のような管理をしている企業はほとんどない。情報システム部門のようにプロジェクトワークが日常的な組織においては、部門内のリソースマネジメントを行っていることはよくあるが、ユーザー部門など他部門のリソースまで見ている企業はほとんどない。

Controlでやってはならないこと

最後にControl機能を上手く機能させるために、決して〝やってはならないこと〟について記述する。

■すべての案件、すべての情報を把握しようとしない

Control機能の支援を受けて経営層が行うべきことはJudgementであり、Judgementを求め

られるプロジェクトは限定的である。例えば、少額・少工数で、戦略的な取り組みとは関係がない現場改善プロジェクトについて、経営層がいちいち時間を割く必要はない。

また、優秀な人間でもプロジェクトのJudgementを行う対象は20～30個が限界だし、細かい情報を大量に入手したとしても、情報整理の負荷が増えるばかりで、Judgementの精度はむしろ低下する。それゆえ、Control機能によってマネージされるプロジェクトは20個か多くても30個以内に絞り込む必要がある。一般的な手法としては、経営層がJudgementを行う〝戦略的プロジェクト〟と、それ以外の〝一般プロジェクト〟を分けることである。〝一般プロジェクト〟は原則として実行主体の主管部門と、予算を管理する経営管理部門などに任せて、何かあれば経営管理部門からレポートをあげればよい。Control機能では戦略的に重要なものに集中すべきである。

■精緻なプロジェクトポートフォリオを作成しようとしない

経営層は、ポートフォリオだけでJudgementするのではなく、さまざまな知見や戦略的意図などを組み合わせて総合的に行う。プロジェクトポートフォリオは、精緻にしようとすると多岐にわたる評価項目が必要となり、その中にはデータ取得に非常に手間がかかるものや、恣意的な判断が入りやすいものも多く、手間がかかる割にはポートフォリオの精度が向上せず、Judgementにも貢献しない。

むしろ、ポートフォリオマネジメントの仕組みを動かすことそのものが目的になり、Control

機能の担当者やプロジェクトに負荷がかかる上に、時間が経つにつれて精度も低下していくことになる。

ポートフォリオの項目は重要な項目に絞り込んで、かつ、すべてに定量的なデータを求めないようにして、〝鉛筆をなめて数字を作る〟ようなものではなく、多少ブレはあってもおおむね正しくプロットできるものを用意する。また、ＤＸやＡＩ、ＩｏＴなどでResearch色が強いものはポートフォリオを分割するのも有効である。

■人事労務と連結した正確性を追求したリソースマネジメントを行おうとしない

企業変革のプロジェクトに参画するメンバーの仕事の負荷が高くなることは、どうしても避けられない部分がある。こうした事情を踏まえるとControl機能によるリソースマネジメント実施の目的は、タスクをやり遂げる見込みがないほどの過負荷を回避すること、社員を疲弊させるだけで結果が出ないという時間の無駄を避けること、社員のモチベーションの維持にあると言える。

いわゆる稼働管理であるが、この手の話になると、プロジェクトのタスク、現業業務など細かい単位で、ＩＴシステムを使って正確な稼働管理をしようという動きになることである。ここでやりたいことは、主に兼務時に、①予定稼働の時点で破綻していないか、②予定稼働と実績稼働に大きな乖離はないかが分かれば十分である。ツールは表計算ソフトで十分だし、精度も総工数がおおむね±５％の誤差に入っていればよい。人事部門などはシステマチックな管理をやりたがるだろうが、プロジェクトや「統合ＥＰＭＯ」に負荷をかけ、得るものもないことには手を出すべきではない。

第5節　チャレンジする社員を支え、あと押しする Support 機能

イノベーションを行うために近年注目度が高まっている支援機能

Support 機能は Control 機能と対になる機能である。Control 機能が経営層の意図の実現が中心であったことに対して、Support 機能はプロジェクトに参画する社員が結果を出せるようにするための支援活動が中心になる。

かつてはプロジェクトの参画者に対するサポートはＥＰＭＯの機能として議論されるほどのものではなく、実施する内容もプロジェクトのリーダーやチームリーダークラスへのプロジェクトマネジメントのスキル獲得や資格取得支援などが中心であった。が、近年はイノベーションを起こすための〝クリエイティビティ〟の発揮促進や、そのために不可欠な〝モチベーション〟の向上のためのさまざまな仕掛けや支援が必要となり、１つの機能として注目されるとともに、海外企業を中心に注力する企業も増えている。また、近年のプロジェクトにおいては、自社内で調達が難しいさまざまなタレントが必要とされることも多く、人材の登用や投入の面でのサポートも求められている。

このように、現在進行系で機能が拡張・発展している機能領域であるが、「統合ＥＰＭＯ」の組織機能の１つとして Support 機能と名付けたのは、イノベーションを生み出すプロジェクト

の成果はヒトに依存し、ヒトの能力を最大限に発揮させるにはアメとムチではなく内発的動機を高める必要があり、それを企業として行っていく必要性があるからである。ヒトの能力獲得やモチベーション向上について、これまで日本企業の多くでは、社員共通のものは人事部門、業務固有のものは現業部門が担当していた。そして、〝プロジェクト型変革〟で企業を変えていく時代において、プロジェクトという観点で支援する責任者は明確ではなかった。言い方を変えると、プロジェクトに入ると、所属部門からも人事部門からも十分なサポートが得られないことが多かった。そのため、「統合ＥＰＭＯ」の４組織機能の１つとして取り上げている。

　プロジェクトの結果に繋げるために必要なさまざまな支援を行うことから、潜在的な Support 機能の役割は多岐にわたる。本書では中でも重要な３つの実施内容――①プロジェクト遂行のための基本能力獲得支援、②〝クリエイティビティ〟や〝モチベーション〟の確保、③組織的なタレントの確保――について解説する。

① プロジェクト遂行のための基本能力獲得支援（メンバー向け、リーダー向け）

従来からあった Support 機能であるスキル確保については、大きく２つのタイプがある。

　１つはプロジェクトにメンバーとして入る人達に対して、〝プロジェクトワーク〟のイロハを身につけさせることである。

　企業によって、かなりの差があるが、管理職クラスですらほとんどが〝プロジェクトワーク〟を一度もやった経験がない企業も珍しくない。自身の事業がプロジェクト型のＩＴサービス企業やプラントエンジニアリング企業ではあり得ないことだが、例えば、ＷＢＳ（Work Breakdown Structure：タスクを分解してスケジュールと担当者を明確にしたもの）を知らないなどというのはまだ良いほうで、個人の役割が入った体制図がない、必要工数の見積もりがない、基本的な作業の流れ（論理フロー）がないままでプロジェクトが始まることすらある。

その結果、ゴールに向かっていきあたりばったりで役割分担も不明確なまま全員で議論を繰り返したり、逆に、外部コンサルタントやベンダーなどに丸投げにして言われたままに動いたりすることが起きている。

プロジェクトとは、「独自のプロダクト、サービス、所産を創造するために実施する有期性のある業務」（ＰＭＢＯＫ）と定義されているように、ゴールに向かって、効率的な作業アプローチ、適切なコスト、適切な作業期間、プロジェクト内外との協業を行い、結果を出すものである。それに対して、通常業務は、作業レベルでは存在していても、大きなゴールや期限はなく、おおむね固定的なメンバーで、定型的な作業を分担して行うことが多い。

プロジェクトは一般的に、さまざまなリスクがあり、流動的な要素も多く、スケジュールを維持するために作業内容を変更するなど変動性が高く、途中段階で成果物が見えないことが多い（大規模なＩＴシステム開発プロジェクトだと、フェーズ分けしていても半年間まとまった成果が見えないことはざらである）。１つ１つの作業が明確で、「今日は10個契約処理をした」など、成果が明確な仕事しかしたことがない人にとっては、場合によっては何もしなくても１日が終わることもあり、仕事がやりにくい、結果を出さない、課題が頻出することにストレスを感じることなども多い。

　これに関しては、実際にプロジェクトに入る前に、〝プロジェクトワーク〟に関する基礎知識を習得することが第一歩になる。これは多くの教育ベンダーが〝プロジェクトワーク〟に関する基礎講座を提供しており、それを受講させるのが一般的な対応策となる。

　一般的なものだと、1日から2日のコースで最近ではオンライン受講もある。価格に関しては、個人参加で10万円程度から、20人程度の集合研修にすると5万円程度で受講可能である。大企業の中には、自前の研修コースを持っていることもある。

　企業によっては、研修の申し込みの実務は人事部門などで一括して行っていることもある。「統合ＥＰＭＯ」のSupport機能としては、実務を行う必要はないが、適切な講座の選定や受講の促進、受講状況のモニタリングなどはする必要がある。

　もう1つはプロジェクトにリーダーとして入る人達に対して、〝プロジェクトマネジメント〟のスキル獲得・強化である。

　プロジェクトのリーダーやチームリーダーは、メンバーや外部パートナーの作業をマネジメントしつつ、社内（まれに社外も）の経営層や他部門などの関係者との調整をし、トラブルに対して対処するという広範囲に渡る業務スキル＝〝プロジェクトマネジメント〟スキルを求められる。

　これに関しては、有名なものとしてはＰＭＩ（プロジェクトマネジメント協会）のＰＭＰという資格があり、プロジェクトマネジメントに関するノウハウや手法を体系的にまとめたＰＭＢＯＫに基づいている。もともとはＩＴシステム開発プロジェクト中心であったが、ＩＴ以外も含めた汎用的なノウハウ、資格として認知されてきている。２０１９年には日本では3万８１９１名、世界では99万７６０８名がＰＭＰ資格を保有している。ＩＴサービス企業だけでなく、一般企業においても資格保有者を見かけるようになってきた。

また、２０００年代にHUAWEIが急速な多角化を進め、ローエンド製品だけでなくハイエンド製品まで手広く成果をあげた背景には、HUAWEIの「統合ＥＰＭＯ」強化の中で、Support機能のプロジェクトマネージャー育成に力を入れたことがある。

おそらく、ある程度の規模の企業であれば、情報システム部門が資格取得までは至らなくとも、研修受講くらいは行っていると思われる。また、情報システム部門が、製品開発や企業改革などのＩＴ以外の分野で〝プロジェクトリーダー〟教育を施しているところもある。

Support機能として、〝プロジェクトワーク〟未経験者に関しては、確実に最低限の教育をしてからプロジェクトに送り出すようにすることが望ましい。一方で、ＰＭＰなどの高度なレベル、資格に関しては各社の考え方に依存することが多い。例えば情報システム部がＰＭＰ資格獲得の施策を実施していたり、人事部が研修プログラムとして持っていたりすることもある。どこまでをＥＰＭＯがリードするかは各社によって異なるが、スキル育成はきりがなく、企画・実行・管理側に膨大な人材リソースを必要とするため、手を広げすぎないことである。

②〝クリエイティビティ〟や〝モチベーション〟の確保

この機能は大きく3つに分かれている。

まず１つ目は、ＥＰＭＯ立ち上げ時に、〝クリエイティビティ〟や〝モチベーション〟を下げる要因を特定し、それらの軽減に取り組むことである。主に第３章で解説したが、成果主義＋ＭＢＯによってプロジェクトにチャレンジするほうが目標達成しにくく評価が不利になることや、バーチャル組織であるプロジェクトと本籍のある固定組織の２つから評価を受けることにより兼務者の評価が不利になることなどが、〝クリエイティビティ〟や〝モチベーション〟の低下要因になる。それに対して、人事評価制度全体を変えるのではなくプロジェクトに対する評価に関して例外ルールを設けることなどにより社員の不安を払拭する。

ここで対応すべきことは、部門横断や既存の人事や稟議などの仕組みに関わるものが多く、経営層の貢献によりトップダウンで一気に実施することが望ましい。行いたいことは抜本的な制度改革ではないので、例外対応等でスピーディーに効果を創出することが優先される。

２つ目は、第４章で述べた、〝クリエイティビティ〟を発揮させるため、仕掛けの集合体である「クリエイティビティの雲」を立ち上げ育てていくことである。これは人事・経営制度、仕事環境、コミュニケーションの３つの観点から、〝クリエイティビティ〟を高める可能性がある〝仕掛け〟を複数導入することで、〝クリエイティビティ〟の発露とそれに基づく〝イノベーション〟の発生確率を高めるものである。これに関しても、どれくらいの時間軸で、どの程度力を入れるのかは、その企業の考え方に依存する。硬直化の進んだ巨大企業であれば、組織メンバーの柔軟性を獲得するために、ある程度まとまった取り組みとして進める必要があると思われるが、あまり硬直化していない企業においては、１つ目ほど緊急度が高くないため、少しずつ進めてもよい。

３つ目は、トップ（経営層）が前面に立って、社内外に向けて行う変革コミュニケーションである。社外向けであれば、最近はＳＤＧｓを前面に出して、持続的成長を実現する企業であることを社会にＰＲするとともに、社員に対しても会社の目的（Purpose）と個人のPurposeをリンクさせて〝内発的動機付け〟をする企業が増加している。社内向けに関しては、第3章で述べた企業の〝コアバリュー〟や〝行動原則〟を社員に浸透させる〝インターナルコミュニケーション〟がこれにあたる。インターナルコミュニケーションはＥＰＭＯの組織機能の1つとして定義できるが、実際の運用は社長直下で広報室やインターナルコミュニケーションチームを設置し、社内意識改革の一環として実施することになる可能性が高い。

③組織的なタレントの確保

ＤＸやイノベーティブなプロジェクトにおいては、タレントを確保することが〝プロジェクト型変革〟の成功率に大きな影響を与えることになる。少し前だと、データサイエンティスト、最近だと、ＡＩエンジニアの不足が紙面を賑わした。その他にも、ＵＸ（User Experience：総合的な顧客体験）、デジタルマーケティング、Ｍ＆Ａなどの人材不足＝需給ギャップが大きい。要は、各社ともに、デジタル関連のプロジェクトのニーズは旺盛であるが、それをリードしたり、実行したりする人材が社内に不足している状態が、ＣＯＶＩＤ－19が始まって1年以上たったいまでも続いている。

それに対して、プロジェクトのリーダーやメンバーの限られた人脈だけで確保することは現実的ではなく、いくつもの企業で「有識者が全くいない中、みんなで悩みながらプロジェクトを進めているものの、遅々として進まない」という話を聞いている。人脈は一般的に上級職になるほど、広く、深くなるものであり、経営層や上級管理職が持つ人脈をフル活用してプロジェクトに紹介する組織的な支援の仕組みが求められる。ただし、これは人脈をデータベース化するような手間のかかる話ではなく、「このプロジェクトをスタートするにあたって、こんな知見を持っている人や組織を紹介できないか」という問い合わせを経営層や上級管理職に対して行うだけでも、ソーシャルワークに対する経営層や上級管理職のリテラシーが高ければ十分である。

筆者の経験でも、外資系企業に所属している時に有識者の紹介依頼はしばしば見られた。また、世界最大のビジネス特化型ＳＮＳのLinkedInにおいても、人材紹介業や企業の採用担当からの中途採用の勧誘だけでなく、まれにだが、企業の事業部門や起業家などから専門性を活かした支援や協業の勧誘もあり、貪欲にタレントを探していることが窺われる。日本企業からは正社員の誘いはあっても、同様の勧誘を受けたことはない。

ただし、日本でも、２０２０年頃から、Ｚホールディングスやライオンを始めとして、週１日程度の稼働で兼業ＯＫの専門家アドバイザーの募集が急増しており、人材紹介会社もフルタイム雇用でない専門家支援の人材紹介に力を入れ始めている。プロジェクトの一員というよりも、第三者的立場での有識者の意見が求められている求人が多いように見受けられるが、これからどう成長していくか楽しみな動きである。

Supportでやってはならないこと

最後にSupportを上手く機能させるために、決して〝やってはならないこと〟について記述する。

■抜本的な制度改革にまで話を広げない

いくらプロジェクト成功のネックになっていたとしても、Support機能の一環で既存の仕組みや制度の大幅変更などには手を染めないほうがいい。〝モチベーション〟や〝クリエイティビティ〟にネガティブな影響を与えている既存の仕組み、例えば〝一括承認型稟議〟や〝成果主義＋ＭＢＯ〟などは、歴史的経緯によって整備されてきたものであり、それらを全社員の数％しか関わらないプロジェクトのために変更すれば、これまで制度を守ってきた主管組織やその制度上で仕事を回してきた既存組織から強い反発を受ける可能性が高いからである。彼らを敵に回すとControl機能のポートフォリオやリソースマネジメントに支障が生じる。目的は〝プロジェクト型変革〟の成功であり、プロジェクトに関する人やプロセスに関して、制度変更ではなく例外措置などの運用の柔軟性で対応することが現実的である。

■スキル管理やタレントマネジメントと一体化させない

ＥＰＭＯはプロジェクトを成功させるために存在しており、ＥＰＭＯにおけるSupport機能は、実行するプロジェクトに対して、最低限必要な基礎スキルの提供や、必要なタレントの調達、チャレンジに対するモチベーションの確保を目的としている。逆に言うと、実行するプロジェクトに関係がない社員や、スキルに関しては関与する必要がない。

中長期視点での人材育成や人材能力シフトという観点から、スキル管理やタレントマネジメントの取り組みに関与することは否定しないが、それらの取り組みの進捗などによってSupport機能の行動が制約を受けることがあってはならない。

第６節　大きな変化が発生した時に、急カーブを曲がりきる Leadership 機能

非常時に登場する特別なＥＰＭＯ機能

ＦＣＳＬモデルの最後がLeadership機能である。ＣＯＶＩＤ－19などをきっかけに、これまでの戦略をゼロベースで見直す場合や、海外から国内回帰など大きな戦略の方針転換が発生したことによる、通常のプロジェクト変更のプロセスでは処理できないような抜本的なプロジェクト見直しが必要な場合は、Control機能における通常のプロジェクトポートフォリオとリソース配分の見直し作業では処理しきれないため、独立した機能領域として設定している。

この領域は企業戦略の大規模変更や社長特命案件で右往左往することが多く、また、今回のＣＯＶＩＤ－19対応で露呈したように、正解のパターンが確立されているものではない。ただし、リーマンショックや震災などを通じて少しずつ解が見えてきている領域でもある。他の３つの

「統合EPMO」の組織機能と比べて具体的なイメージがしにくく、難解であることをご容赦願いたい。

なお、これは他の領域と異なり、常時設置されている組織機能ではない。前述のように、すでに運営されている変革プロジェクトのマネジメントに対して大きな影響を与える事態が発生した時に、経営層直属の、あるいは、経営層が参画する緊急対応チームとして設置されるものである。

具体的にはCOVID－19、リーマンショックなど事業全体に対して大きな影響をもたらし、これまでの変革活動の見直しを余儀なくされるようなケース、あるいは、市場環境の変化や外部参入など既存の戦略の舵を切り替える必要があるようなケースで急激な変化を乗り切るために経営層が主導（Lead）する、基本的には一時的なチームである。このチームが、新たな変革の中核プロジェクトや「統合EPMO」のコアメンバーにシフトすることもあるが、〝新戦略とそれを実現するためのプロジェクト〟と〝すでに動いている変革プロジェクト〟が整理されて定常運用に移った時点でLeadership機能のチームは役割を終えていったん解体され、図5－14の右下の「統合EPMO」定常管理として終息する。

Leadership機能の持つ主な役割は2つに集約される。1つ目は、変化に対する〝新戦略とそれを実現するためのプロジェクト〟を〝スムーズに立ち上げる〟ための人材捻出を中心とした側面支援である（図下段）。2つ目は、〝新戦略とそれを実現するためのプロジェクト〟を受けて、〝すでに動いている変革プロジェクト〟の合流・修正・縮小・中止などの〝最適化を行う〟ことである（図中段）。これら2つの役割は互いに強い関係性を持っている。全く変革活動を行って

図5-14　**大規模な変化があった場合の対応ステップ（基本モデル）**

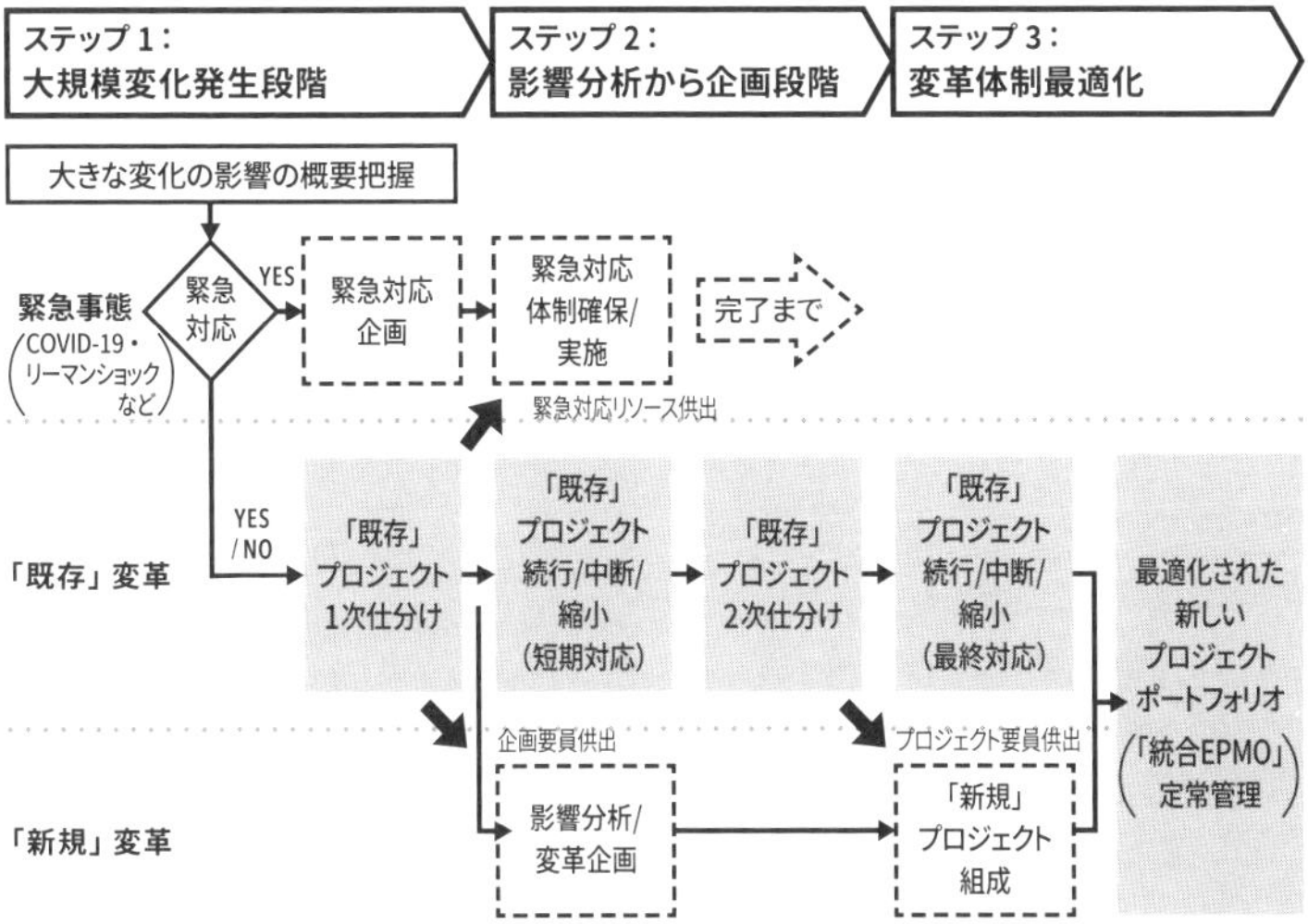

いない企業でもない限り、〝新戦略とそれを実現するためのプロジェクト〟を立ち上げるにあたって必要となる大量のリソース（ヒト、モノ、カネ）がすぐに入手できる状況にはない。そのため、〝新戦略とそれを実現するためのプロジェクト〟の企画段階から優秀な人材が不足しがちで、さらに、プロジェクト化する段階では桁違いに多い人材と、おそらくは多額の投資が必要となる。場合によっては、Ｒ＆Ｄや製造設備の確保も必要となるかもしれない。

それへの対処としては、〝すでに動いている変革プロジェクト〟から人材や予算を持ってくる必要がある。動いているものを変えるのは非常に難しく、時々見かけるが〝社長特命案件〟であわてて体制を作ったもののあまり機能せず、一方で既存のプロジェクトが人材を引き抜かれたり予算を削減されたりして投資に見合った結果を出せないということが起きる。こういった事態を回避するのが〝Leadership機能〟統合の役割である。

Leadership 機能の3つのステップ

すでに述べたようにLeadership機能は、緊急対応を基本としており、事態解決を経て定常状態に戻るところまでが活動領域である。その間、大きく分けて3つのステップを踏む。

まず、大まかな影響を把握して、ＢＣＰ（Business Continuity Plan：事業継続計画）などの緊急対応の必要性の判断を行い、緊急対応要員の確保や、新しい戦略の影響分析、企画立案を行うための人的リソースを確保するために、〝既存〟プロジェクトの中で、そのまま進めるものと、いったんは止めて影響分析が終わってから対処を決めるもの、即時廃止するものを決める1次仕分けがステップ1である。ここでは精緻さよりもスピードが優先される。

次に、ステップ1の1次仕分けで浮かせた優秀な人材リソースを使って、詳細な影響分析や企画を行い新たな戦略を実現する取り組みの全体像を整理し、それを受けて〝既存〟プロジェクトでいったん停止していたものを再開させるのか廃止するのかなどの最終的な判断（2次仕分け）がステップ2である。

最後に、新しい戦略に基づく〝新規〟プロジェクトの立ち上げと、継続する〝既存〟プロジェクトのスコープ調整などを行い、最適化された新しいプロジェクトポートフォリオと人材リソースの再配置を策定し、「統合ＥＰＭＯ」による定常管理体制に戻すのがステップ3である。

こうして、〝新戦略とそれを実現するためのプロジェクト〟の発生を受けて、必要であれば緊急対応を行い、〝すでに動いているプロジェクト〟との関係性を整理した上で、全体のプロジェクト、および、そのために必要なリソースの最適化を行い、新しいプロジェクトの立ち上げと、すでに動いているプロジェクトの再起動や修正を行い、全体を包括的に把握し支援する「統合ＥＰＭＯ」の定常状態に戻ることになる。

とはいえ、多くの企業は「統合ＥＰＭＯ」が機能している状態で、大きな変化にさらされることは少ない。現状の全体像の把握もままならない中で、何とか最低限、〝新戦略とそれを実現するためのプロジェクト〟と〝すでに動いているプロジェクト〟の共倒れを避けるためには、ステップ１の段階で急ぎ、現状の主要なプロジェクトに対して、リソース配置状況を〝氏名〟のレベルではなく、〝工数〟のレベルで可視化することと、ステップ２の〝新戦略とそれを実現するためのプロジェクト〟の分析・企画要員の確保が、最優先で行う現実解である。

第７節　「統合ＥＰＭＯ」と「シン・トップダウン経営」

〝プロジェクト型変革〟をトップダウンで推進するための〝直属部隊〟

ここまで、〝プロジェクト型変革〟における「統合ＥＰＭＯ」の必要性や、概要、４つの組織機能領域の個別解説をしてきた。これまでは、プロジェクトの支援組織としての「統合型ＥＰＭＯ」という観点で解説してきたが、ここで、一度、「シン・トップダウン経営」にとって、「統合

ＥＰＭＯ」がどのような意味を持つのか、価値をもたらすのかについてまとめる。

「シン・トップダウン経営」は、経営層が積極的に関与して、〝プロジェクト型変革〟を成功に導き、その成果を最大化するものである。

一方で、〝プロジェクト型変革〟は、多数の業務領域にわたり、多数のプロジェクトに分かれつつも、それらが深く関連している複合的な取り組みの集合体である。例えば、常に全体像を把握して相互関係に注意していなければ、「プロジェクトＡを実行したことによって、プロジェクトＢに制約が課される」、「プロジェクトＣが構築したＤＸの基盤が、プロジェクトＤに流用できずに別のＤＸの基盤を構築しなければならない」などの不都合が多発する。

そのため、事業部などの既存の固定組織に任せるわけにいかず、かといって経営層が取り組み内容のコントロールや成功率を高めようとした場合に、Judgementに至るまでに処理すべき情報量は膨大であり、ダイレクトにマネジメントすることは現実的ではない。

そして、すでに日本の大企業の多くは、大なり小なり〝プロジェクト型変革〟を行っており、〝プロジェクト型変革〟のマネジメントに関するさまざまな問題に直面している。

それを解決するためには経営層による〝プロジェクト型変革〟のマネジメントを補助する〝直属部隊〟＝「統合ＥＰＭＯ」が必要となる。

経営層の〝直属部隊〟としての４つの役割

Facilitation機能については、「統合ＥＰＭＯ」がプロジェクトとダイレクトコミュニケーショ

図5-15 「シン・トップダウン経営」にとっての「統合EPMO」

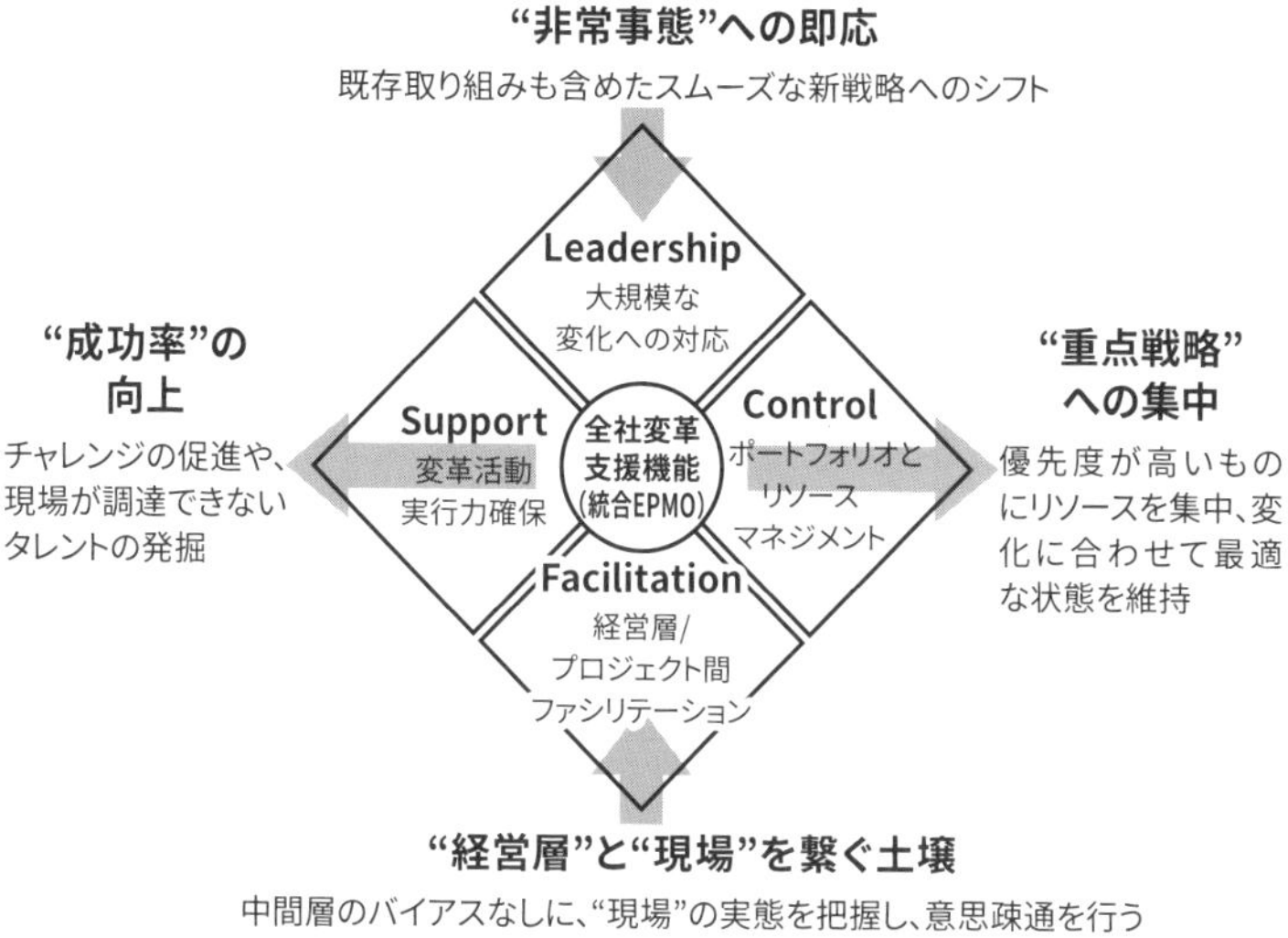

ンを行うことにより、中間層のバイアスがかかっていない活きた情報を入手することができ、それに基づいて経営層が全体鳥瞰的に把握できるようになる。また、Judgementする内容を特定して、経営層がJudgementとそれに伴うアクションに注力できるようにする。さらに、プロジェクト（現場）と経営層との架け橋となって、経営層の意図が正しくプロジェクトに伝わり、誤った解釈に基づく忖度を回避する。

この機能がある程度動く状態になっていないと、経営層がプロジェクトに関わるヒトの心を動かすことができずに、〝プロジェクト型変革〟、および、個別のプロジェクトに対して影響力を発揮するControl機能、Support機能が形骸化する。まさに、「シン・トップダウン経営」における経営層と現場を繋ぐ土壌と言える。

Control機能は、優先順位付けを行い、限られた経営リソースを集中させ、限られた時間の中で成果を創出し、最大化するための仕組みやプロセスであり、案件特性や変化に対する柔軟性に乏しく、経営層が〝制度〟に縛られることすらある従来の稟議制度や評価制度とは一線を画した、経営層の能力を活かしたマネジメントを可能にする。なお、経営層の能力を活かしたというのは、論理的で機械的なDecisionではなく、経験や教養などさまざまな要素を含んだ意思決定＝Judgementのことである。また、変化に合わせて常時最適化して優秀な人材や予算を最大限有効活用できるようにすることで、絵に描いた餅の戦略ではなく、経営層の能力や経営資源を、真に〝重点戦略〟に集中させる。

Support機能は、リスクがあり、チャレンジャブルなプロジェクトに対して、リーダーやメンバーが後顧の憂いなく、全身全霊をもって取り組むことができるような状態を作り出すことで、通常業務時をはるかに凌ぐパフォーマンスを発揮させる。そのためには経営層としての権限を最大限活用して、不足しているタレントの調達や、内発的動機の刺激などの便宜を図る。企業の未来を創造するプロジェクトは評価の公平性の外にあり、プロジェクトの成功という目的のための贔屓は、目立たせる必要はないが、積極的に行う。

Leadership機能は、戦略の大転換や災害などの、これまでの戦略やプロジェクトを抜本的に見直す時に、遅滞なく、かつ、混乱やモチベーションの低下を回避して、新しい戦略、プロジェクトポートフォリオ、リソース配置を行う。

「統合EPMO」は経営層にとっていますぐ必要な武器

本章で述べたように、「統合ＥＰＭＯ」の基本的な機能はトップ人材でなくても、そこそこ優秀な人材を４、５名投入すれば運用が可能である。ＣＯＶＩＤ－19からの回復とニューノーマルの確立までに残された時間はあまり多くない。４、５名は決して少ない戦力ではないが、〝プロジェクト型変革〟全体のパフォーマンスにプラスの影響を与えるものであり、〝前線＝プロジェクトや事業部門〟から引き抜いてでも急ぎ設置すべきである。

おわりに

「シン・トップダウン経営」は、合理的な経営手法のジャパナイゼーション

多くの日本企業では、これまで、欧米亜の合理的な企業マネジメントメカニズムの個別パーツである〝ＭＢＯ〟や〝内部統制〟などの制度やツールを導入してきた。しかしながら、伝統的な日本企業においては特に、企業風土や従来の仕組みとは上手く馴染まず、本来の成果をあげることができないことが多かった。そのため、海外から「日本企業は、意思決定が遅くて、柔軟性が低い」という目で見られてきたし、「現場の個人は優秀だが、組織マネジメントの出来は悪い」という評価を受けてきた。

筆者自身、コンサルタントとして、これまで数多くの企業の内情を見てきたが、日本企業は変革活動における経営層のリーダーシップやマネジメントの存在感があまりないという印象がある。それは必ずしも経営層のヒトの問題ではなく、これまで取り上げてきたようなさまざまな組織運営の制度やルールによって〝がんじがらめ〟になってしまい、経営層は〝口は出すが、手を出せない〟状態に陥っていることが原因になっていると思われる。

本書の冒頭でドラッカーのマネジメントの定義（＝組織に成果をあげさせるための道具、機能、機関）を紹介したが、リーダーシップと並ぶ経営層の重要な役割であるマネジメントは、組織に

成果をあげさせることである。

経営層にまで上りつめた人は、基本的には、〝優れた能力やリーダーシップ〟を保有している可能性が高いし、経営層と現場リーダーの持つ情報量や視野の広さには大きな隔たりがある。不確実性が高い時代で、かつ、産業構造や雇用形態も大きく変わるいま、トップダウンで経営層が企業価値を高めるための行動をリードすることは不可欠である。いわば、経営層が輝いている企業が、プロジェクトや通常業務を行う社員を輝かせることができるのである。そのために、経営層が価値を発揮しやすいマネジメントメカニズムがいま求められている。本書でここまで説明してきた「シン・トップダウン経営」は、それを実現できる概念である。

「シン・トップダウン経営」は、斬新な経営手法ではない。突き詰めると、個別の制度やツールの〝つぎはぎ〟や〝きりばり〟によって、いびつな形でできあがった現状の日本企業のマネジメントシステムに対して、日本企業の企業風土や特有のマネジメントの仕組みを理解した上で、先進海外企業と同様の合理性で、経営層が中心となって変革の成功率を高めるマネジメントメカニズムを確立するための概念である。すなわち、「シン・トップダウン経営」とは、先進海外企業が実施している合理的な経営手法をジャパナイゼーションしたものなのである。

輝かしい未来を掴むためにすべきこと

「シン・トップダウン経営」によって、先進海外企業と同レベルの合理的経営手法を備えた日本企業は、どんな未来を手にするのか。それを決めるのは、企業の意思である。ドラッカーは次のように言っている。

「未来は、望むだけでは起こらない。そのためには、いま意思決定をしなければならない。いま行動し、リスクを冒さなければならない。」

（P・F・ドラッカー、『マネジメント［エッセンシャル版］』、上田惇生訳、ダイヤモンド社）

本書で示したのは、輝かしい未来を掴むための基本的な処方箋である。そして、この処方箋は特定の企業に特化したものではないし、詳細な施策まで網羅的には紹介しておらず、各企業が抱える固有の事情（外部要因、内部要因）に関してはいくつか例をあげたにすぎない。自社に投与する薬の調整や、生活習慣の改善、リハビリなどはそれぞれの企業が考えなければならない。

それを行うにあたって、まず先陣を切るのは経営層であり、次に現業部門のリーダーやプロジェクトのリーダーである。中でも鍵を握るのは、経営層、その中でも上位の人だ。その立場にいる人たちが腹を括って取り組まないと、日本企業の悪い癖である〝分かっているけれども、誰がどうやるかが決められないため、いまは見送る（≒永遠に見送り続ける）〟ということになってしまう。

そこを乗り越えることができるか否かで、DXやニューノーマルに向けた〝プロジェクト型変革〟の成否が分かれる。

そして、それを乗り越えるために最低限必要なことは3つあると考えている。

1つ目は、経営層のコアメンバーを、積極的にリスクテイクとリスクマネジメントを行う人たちで固めることである。過度に保守的な経営層を変革の重要なポジションに残しておくと、経営層の意思決定にも、プロジェクトの推進にも悪影響を与える。経営層が変われない、経営層を変えられない企業に勝ち目は薄い。

2つ目は、「統合EPMO」か、それに類する組織機能により、プロジェクトの参画者が心おきなく、クリエイティビティの発揮に専念できるようにすることである。リソース不足や、不利になりがちな人事評価、孤独感や孤立感の軽減、他部門の非協力的な態度など、プロジェクトがモチベーションを低下させたり、クリエイティビティを低下させたりする要素は極力排除しなければならない。

3つ目は、「統合EPMO」の立ち上げメンバーとプロジェクトに必要なタレントに関しては、社内外から最優先で〝経験者〟を集めて投入することである。優秀なプロジェクトリーダーが、優秀な「統合EPMO」のリーダーになるとは限らない。「統合EPMO」のリーダーを担った途端に機能不全を起こしてしまったケースもある。完璧に要求スペックを備えている〝経験者〟は少なくても、おおむね備えている〝経験者〟であれば見つかる可能性は高い。未経験の素人が手探りで進めていくような時間的な余裕はない。

「シン・トップダウン経営」を支える「変化適応型マネジメントメカニズム」と、それを実現する支援組織機能である「統合ＥＰＭＯ」により、勝つための道筋をととのえることはできる。その先に成功の果実を勝ち得るか否かは、前記の３つの乗り越えるべき課題（ポイント）を、あらゆる手段をつくして〝やる〟か〝やらない〟かにかかっている。いわば、企業の意志の問題である。

「事情があるから」と、社内論理に振り回されて〝やらない〟企業の未来は暗い。事態は急を要している。変革に着手しても、結果を出せなければ、伝統的大企業であっても5年後、10年後に消滅したり、凋落したりしている可能性が高い。

道筋は見えていて、やるべきポイントも見えている。「シン・トップマネジメント経営」により、１社でも多くの日本企業が本来の輝きを取り戻すことを心から願っている。

筆者にとって、本書は初めての単独執筆の書籍であり、日頃、図やグラフを中心にした説明・対面でのディスカッションに慣れた身には、主張のほぼすべてを文字で伝えるのは大きな試練だった。どうにか完成にこぎつけることができたのは、多くの方々の温かい支援があったからにほかならない。

書籍に関しては全くの素人である筆者に、何を書くかも決まっていない状態から、足掛け９ヶ月間にわたって、指導と激励をいただいた東洋経済新報社の清末真司氏、スケジューリングやさまざまな手配などの面で細やかに支えてくださった河面佐和子氏には、この場を借りてあらためてお礼を申し上げたい。また、非常に複雑なテーマをどうすれば興味を持って読んでもらえるかという視点で、ストーリー作成から表現まで指導してくださった編集者の松永光弘氏、社内で本書のサポートをしてくださったマネジメントソリューションズ　ブランドマーケティング部の吉村康氏・高田藍氏、専門性を踏まえつつも、読者目線での原稿レビューをしてくださった内山鉄朗氏、ともすると遅れがちになる書籍の制作をしっかりと支えてくださった関係者の皆様、そして、慣れない執筆に苦しむ筆者を陰から支えてくれた家族に、心から感謝を捧げたい。

2021年5月

和田智之

【著者紹介】
和田智之（わだ　ともゆき）
株式会社マネジメントソリューションズ エグゼクティブディレクター。
アクセンチュア、IBMビジネスコンサルティングサービス、ガートナー ジャパンで22年間コンサルティングに携わり、各種戦略をはじめ、新規事業立ち上げ、チェンジマネジメントや人事評価制度、MOTやサービス／製品マネジメント、ITマネジメントなど広範囲に経験。業種では、製造、流通、金融、エネルギー、通信、政府など多くの産業のプロジェクトに従事。また、直近MSOL入社直前2年間は製造業プラットフォームベンチャーやAIベンチャーで事業企画や事業戦略を担当。日本IBMの事業企画部門への出向や、ガートナー ジャパン　コンサルティング Co-Leaderとして海外企業のマネジメントを経験。2019年より現職。

シン・トップダウン経営のすすめ

2021年7月22日発行

著　者――和田智之
発行者――駒橋憲一
発行所――東洋経済新報社
〒103-8345　東京都中央区日本橋本石町1-2-1
電話＝東洋経済コールセンター　03(6386)1040
https://toyokeizai.net/

ＤＴＰ…………近代美術
印刷・製本……近代美術
 Printed in Japan　ISBN 978-4-492-96194-0